DR. OETKER

Ich koch' mir was!

REZEPTE FÜR EINE PERSON

DR. OETKER

Ich koch' mir was!

REZEPTE FÜR EINE PERSON

Einkaufen, Essen zubereiten, den Tisch decken, und das alles nur für eine Person? Warum eigentlich nicht? Es geht doch um Sie! Frische Küche ist gesünder und außerdem viel preiswerter als Fertiggekauftes. Schnellkochtopf, Wok oder Mikrowelle - viele neue praktische Küchengeräte machen die Single-Küche heute völlig problemlos. Aber auch in traditioneller Weise lassen sich Einzelportionen problemlos zubereiten - auf der Kochstelle oder im Herd.
Allein zu essen, macht den meisten keinen Spaß. Denken Sie um: Genau wie man ein Glas Wein allein genießen kann, ist auch das „Dinner for One" Quelle kulinarischer Freude.
Damit Sie beim Einkaufen keine Schwierigkeiten mit den Mengen haben: Die Resteverwertung haben wir nicht vergessen. Manches sollte ohnehin aus kochtechnischen Gründen gleich in größerer Menge zubereitet werden, die übrige Portion wird dann „auf Eis gelegt" oder kalt gestellt. Fast immer sind aber in diesem Buch die Rezepte für eine Person bemessen.
Gemüseküche, leichte und schnelle Küche, Fleisch und Fisch auf neue Art, Naturküche, Gerichte aus den Ferienländern - alles was heute beliebt ist, läßt sich ohne Mühe für nur eine Person bereiten. Fünf Menüs für Gäste sind auch in unserem Buch - mit Rezepten für vier Personen.
Es mag nicht alle Tage möglich sein, ein „richtiges Essen" zu kochen. Doch fangen Sie an!
Es wird Ihnen mehr und mehr Freude machen.

Frische Salate - wie hier der Blattalat mit Ziegenkäse - sind Favoriten in der Single-Küche. Beginnen Sie mittags und abends Ihre Mahlzeit mit Salat (oder anderem rohen Gemüse und Obst). Das stillt den ersten Hunger und bekommt der Gesundheit besonders gut. Ballaststoffe, Vitamine, Mineralstoffe und viele aromatische Substanzen fördern Fitneß und Wohlbefinden. In frischen rohen Salatzutaten sind diese Stoffe unversehrt und wirksam. (Gegart werden: Kartoffeln, Hülsenfrüchte).
Jederzeit gibt es abwechslungsreiche Salatsorten: Tomaten, Radieschen, Möhren - unmöglich, sie alle aufzuzählen. Schauen Sie nur die grünen und roten Blattsalate an: Batavia, Eisberg, Eichblatt, Endivien (Escarol oder Escariol), Feldsalat, Frisée, Kopfsalat, Lollo, Löwenzahn, Pflücksalat, Radicchio oder Römersalat (Bindesalat), außerdem weißgelblicher Chicorée - winters wie sommers ist alles da. Auch junge Spinatblätter eignen sich für Salat. Die Sauce wird erst unmittelbar vor dem Servieren darübergegossen und kurz durchgemischt. Was Salate noch interessanter macht: frisch gehackte Kräuter, geröstete Sonnenblumenkerne, Brösel aus Roquefort oder Schafskäse, Mozzarella, Kapern, Oliven, mit Olivenöl und Knoblauch geröstete Brotwürfel, gehackte harte Eier, ausgebratene Speckwürfel. Mit Fleisch (kurzgebraten), Fisch, Schalentieren, Bratenaufschnitt oder Käsestreifen wird aus einem Salat eine leichte, vollständige Mahlzeit.

Tips

So bereitet man die Blätter für den Salat vor: Putzen bzw. verlesen, gründlich waschen und trockenschleudern - entweder in einer Salatschleuder oder in einem sauberen Tuch. Legen Sie beim Anrichten nicht zuviele Blätter übereinander, damit sie fest und knackig bleiben. Große, flache Schalen sind deshalb praktischer als hohe Schüsseln. Bereiten Sie Ihre eigene Salatsauce auf Vorrat: Alle Zutaten im Schraubdeckelglas gut durchschütteln. Gut gekühlt hält sich die Sauce etwa 1o Tage.

Salz entzieht Salatblättern Wasser. Deshalb: Die Sauce immer erst kurz vor dem Servieren darübergießen.
Aus Winterkohl läßt sich sehr gut Salat zubereiten. Stampfen Sie die Raspel zusammen mit etwas Salz. Das macht den Kohl zarter. Gekochte, mit der Gabel zerdrückte Kartoffel bindet spröden Salat, z. B. Kohl oder Endivien. Reichen Sie in Olivenöl und Knoblauch gebratene Weißbrotscheiben oder -würfel (Croûtons) zum Salat. Leicht salzen.
Wintersalate, z.B. Kohl, können Sie gut mit gegarten Hülsenfrüchten wie Linsen oder Bohnen kombinieren. Hülsenfrüchte sind vitamin- und ballaststoffreich.
Es gibt verschiedene Essig- und Ölsorten. Für Salate sollten Sie nur die besten nehmen. Je abwechslungsreicher die Gewürzzutaten, desto interessanter schmeckt der Salat.

Kräutersalat mit Ziegenkäse

(Foto Seite 8/9)
1 Handvoll junger Spinat
½ Beet Kresse
einige Blätter junger Löwenzahn
einige Blätter glatte Petersilie
Sauce:
Siehe Grundrezept Vinaigrette
Außerdem:
2 Scheiben Bacon
1 kleiner Ziegenkäse

Alle Salatblätter gut waschen und trockenschleudern. Den Bacon in der Pfanne ausbraten, auf Küchenpapier entfetten. Dann den Ziegenkäse sehr kurz in die heiße Pfanne geben (oder übergrillen), auf den Salat stürzen. Bacon dazulegen. Alles mit Sauce beträufeln.

Grundrezept: Vinaigrette

(Für 1 Flasche)
⅓ Essig
⅔ Pflanzenöl, z.B. je nach Größe der Flasche
15o ml Essig
3oo ml Öl (evtl. Olivenöl)
Salz, Pfeffer
etwa ½ TL getrockneter Estragon
1 TL Senf

Alle Zutaten in eine Flasche geben. Gefäß fest verschließen und alles gut durchschütteln.
Variation:
Erst vor dem Servieren frisch gehackte Kräuter, Knoblauch o.ä. zufügen.

Spinatsalat mit gehobeltem Käse

(Foto)
2 Handvoll junger Spinat
2 große Champignons
Zitronensaft
3 Radieschenröschen
etwas gehobelter Käse, z.B. Emmentaler, Gruyère, Provolone oder Sbrinz
Sauce:
siehe Grundrezept Vinaigrette

Die gewaschenen, trockengeschleuderten Spinatblätter, die blättrig geschnittenen, mit Zitronensaft beträufelten Champignons und die Radieschen hübsch auf einem Teller anordnen. Mit Käse belegen. 1-2 Eßlöffel Salatsauce darüberträufeln.

Das Radieschen viermal seitlich einschneiden, damit ein rundliches Blütenblatt entsteht. Danach oben über Kreuz zweimal einschneiden. Im Wasser öffnen sich in kurzer Zeit die feinen Blütenblättchen.

Grundrezepte: Saure-Sahne-Sauce

(Für 3 - 4 Portionen)
Saft von $^1/_2$ Zitrone
Salz, Pfeffer
1 Prise Zucker
250 g saure Sahne

Alle Zutaten in einem verschlossenen Glas kräftig durchschütteln. Die Sauce hält sich etwa 4 Tage im Kühlschrank.
Variation:
Mit frischgehackten Kräutern, gehackten Lauchzwiebeln oder gehackten Kapern können Sie die Sauce variieren.

Grundrezepte: Süße Salatsauce

(Pro Portion)
3 EL Schlagsahne
$^1/_2$ TL Zucker
3 TL Zitronensaft

Die Zutaten mit dem Schneebesen schaumig schlagen und sofort über die Salatzutaten gießen (Sauce hält sich nicht). Diese Sauce paßt gut zu Kopfsalat.
Ergänzung:
Frisch gehackte Petersilie oder Schnittlauch.
Interessant:
Etwas abgeriebene oder in feine Streifchen geschnittene Schale von unbehandelter Zitrone hinzufügen.
Variation:
Um Kalorien einzusparen, können Sie statt Sahne Joghurt verwenden. In diesem Fall weniger Zitronensaft zufügen.

Eichblattsalat mit Trauben und Nüssen

(Foto)
Sauce:
2 TL Rotweinessig
1 TL Rotwein
Salz, Pfeffer
4 TL Traubenkernöl
Außerdem:
1 EL Haselnußkerne
etwa 8 blaue Weintrauben
1 Portion Eichblattsalat

Die Saucenzutaten gut verrühren. Die Haselnußkerne in einer heißen Pfanne trocken einige Minuten anrösten (das verstärkt ihren Geschmack). Die Trauben halbieren und entkernen. Den geputzten, gewaschenen und getrockneten Eichblattsalat auf einem Teller anordnen. Nüsse, Trauben und die Sauce darüber verteilen.

Tips

Was Salaten nicht so gut bekommt:
Tomaten im Kühlschrank lagern - sie verlieren an Aroma.
Salatzutaten aus dem Glas untermischen - sie sind meistens zu sauer.
Sauce zu sauer abschmecken - der Eigengeschmack aller Salatzutaten leidet darunter.
Zu viele verschiedene Zutaten untereinandermischen -
der Geschmack schlägt sich gegenseitig tot.

Chicoréesalat mit Lachskaviar

Sauce:
3 TL saure Sahne
1 TL Quark
1 TL Tomatenmark
Salz
frisch gemahlener rosa Pfeffer
1 Prise Zucker
2 TL Zitronensaft
Außerdem:
1 große oder 2 kleine Stauden Chicorée
1-2 EL Lachskaviar
Eventuell:
1-2 Scheiben Räucherlachs

Die Saucenzutaten mit einem Schneebesen gut verrühren. Den Chicorée am unteren Ende abschneiden. Mit einem spitzen Messer den Keil herausschneiden. (Wer den leicht bitteren Geschmack vermeiden möchte, stellt den Chicorée einige Minuten mit dem angeschnittenen Ende aufrecht in eine Tasse und gibt 2 cm hoch lauwarmes Wasser zu - das macht ihn milder.) Dann den Chicorée auseinanderpflücken: Die großen Blätter ganz lassen, die kleinen in Ringe schneiden. Die Ringe und den Kaviar mit der Sauce vermischen. Dann in die großen Blätter füllen. Blütenartig auf einem Teller anordnen. Eventuell Räucherlachs in die Mitte legen.

Tomatensalat mit Kapern

(Foto)

Sauce:
1 TL Weinessig
Salz, Pfeffer
3 TL Olivenöl
Außerdem:
2 Schalotten
2 Knoblauchzehen
1-2 große Fleischtomaten
6 schwarze Oliven
2 EL Blattpetersilie
1-2 TL eingelegte Kapern

Die Saucenzutaten gut verrühren. Die Schalotten und den Knoblauch abziehen, die Schalotten würfeln und den Knoblauch in feine Scheiben schneiden. Die gewaschenen Tomaten in möglichst dünne Scheiben schneiden. Tomatenscheiben nebeneinander auf einen großen Teller legen, leicht salzen und pfeffern. Schalottenwürfel, Knoblauchscheiben, Oliven, Blattpetersilie, Kapern und die Salatsauce darüber verteilen.

Variation:
Gehobelte rohe Champignons passen gut dazu.

Tip

Frisch gemahlener Pfeffer ist viel aromatischer als fertiggemahlener. Schaffen Sie sich einen Mörser an (auch für rosa oder grünen Pfeffer)! Außerdem brauchen Sie auch eine Pfeffermühle.

Avocadosalat

Sauce:
2 große, reife Fleischtomaten
1 EL Olivenöl
frischer, grob gemahlener Pfeffer
Salz
1 TL Weinessig
1/2 TL Zucker
Außerdem:
1 Avocado
Saft von 1/2 Zitrone (Limette schmeckt noch feiner)
einige Körnchen grobes Salz

Die Tomaten mit kochendem Wasser überbrühen, 1 Minute mit Wasser bedeckt liegen lassen. Dann die Haut abziehen. Die Tomaten halbieren, entkernen und fein hacken. Mit der Gabel zerdrücken (oder durch ein Sieb streichen). Die restlichen Saucenzutaten unterrühren. Die Sauce auf einen Teller gießen. Die Avocado mit einem Schälmesser schälen, der Länge nach halbieren. Den Kern herauslösen. Die Avocado längs in Scheiben schneiden. Sofort mit Zitronensaft beträufeln. Auf der Tomatensauce anordnen. Mit einigen Salzkörnern und grob gemahlenem Pfeffer dekorieren.

Kartoffelsalat mit Tomaten

Sauce:
1 kleine, feingehackte Zwiebel
1 TL gekörnte Brühe (ohne Wasser)
1 EL Weinessig
2 EL Wasser
Pfeffer
1/2 TL getrockneter Thymian
Außerdem:
4 kleine gegarte, gepellte Kartoffeln (etwa 200 g)
1 1/2 EL Pflanzenöl
2 Kopfsalatblätter
5 Cocktailtomaten

Die Kartoffeln in Scheiben schneiden. Die Saucenzutaten in einem kleinen Topf aufkochen, heiß über die Kartoffelscheiben gießen. Kartoffeln zugedeckt 1-2 Stunden (oder bis zum nächsten Tag) kühlstellen. Dann das Öl zufügen, durchmischen und nochmals abschmecken, eventuell nachwürzen. Auf Kopfsalatblättern anrichten, die Tomaten drumherumlegen (restlichen Kopfsalat am nächsten Tag mit süßer Sahnesauce - siehe Grundrezepte Salatsaucen Seite 13 - zubereiten).

Variation:
Frische, kleingeschnittene Basilikumblätter untermischen.

Gefüllte Tomaten

(Foto)
½ Salatgurke
3o g Schafskäse
einige Blättchen frisches Basilikum oder frische Minze
Salz, Pfeffer
1 TL Zitronensaft
2 TL Pflanzenöl
Außerdem:
3 Tomaten

Die Gurke schälen, entkernen und in feine Würfel schneiden (restliche ungeschälte Gurke in Klarsichtfolie wickeln und am nächsten Tag zu Brot oder als Salat mit Vinaigrette verwenden). Den Käse würfeln, das Basilikum oder die Minze grob hacken. Alles zusammen mit den Gewürzzutaten vermischen.
Von den Tomaten einen Deckel abschneiden, das Innere mit einem Teelöffel heraushöhlen. Die Gurken-Käse-Würfelchen einfüllen.
Auf frischen Minze- oder Basilikumblättern anrichten.
Sehr hübsch sehen auch junge Blätter von Kapuzinerkresse aus (Blätter und Blüten der Kapuzinerkresse sind eßbar).

Friséesalat mit gebratenem Fenchel

Sauce:
1 Knoblauchzehe
1 EL Zitronen- oder Limettensaft
Salz, Pfeffer
2 EL Pflanzenöl
Außerdem:
einige Blätter Friséesalat
1 kleine Fenchelknolle
1 Messerspitze getrockneter Thymian
1 TL Pflanzenöl
Fenchelgrün
1 zur Acht hübsch gedrehte Zitronenscheibe

Die Schüssel, in der die Sauce bereitet wird, mit der halbierten Knoblauchzehe fest ausreiben (restlichen Knoblauch anderweitig verwenden). Die Gewürzzutaten zufügen und gut verrühren. Den Frisée putzen, waschen, trocknen und mundgerecht zerzupfen. (Restliche Blätter fest in Klarsichtfolie packen, bis zur Verwendung kühlstellen.) Die Stiele und äußeren Blätter der Fenchelknolle abschneiden und wegwerfen, das Grün aufheben. Den Keil nur soweit abschneiden, daß die Knollenblätter zusammenbleiben. Die Knolle dann längs in dünne Scheiben schneiden. Mit Thymian bestreuen, leicht salzen. Im heißen Öl in einer Pfanne auf jeder Seite 1 Minute braten. Auf den Teller geben. Frisée daneben anordnen. Beides mit Sauce beträufeln. Gehacktes Fenchelgrün darüber verteilen. Die Zitronenacht danebenlegen.
Beilage:
Kurzgebratenes Fischfilet oder Räucherlachs passen gut dazu.

Lauwarmer Pilzsalat

Sauce:
Salz, Pfeffer
1 TL Balsamico-Essig
½ TL Zitronensaft
2 - 3 TL Sonnenblumenöl
Außerdem:
1 Fleischtomate
4-5 frische Pilze (je nach Größe), z.B. Champignons, Austernpilze
1 TL Sonnenblumenöl
1 TL feingeschnittener Schnittlauch

Die Saucenzutaten mit dem Schneebesen gut verrühren. Die Tomate mit kochendem Wasser überbrühen, zwei Minuten im Wasser liegen lassen. Dann die Haut abziehen. Die Tomate halbieren, und die Kerne herauslösen. Tomatenfleisch klein würfeln.
Die Pilze trocken reinigen, am besten mit einem Backpinsel. Das unterste Stielende abschneiden. Dann die Pilze längs in feine Scheiben schneiden. In einer Pfanne im heißen Öl zwei Minuten braten, dabei umwenden. Tomaten und Pilze auf einen Teller geben, vermischen. Sauce und Schnittlauch darüber verteilen.

Birnen-Möhren-Salat mit Putenfleisch

(Foto)
1 Möhre
2 Blätter Chinakohl
Sauce:
Saft von 1/2 Zitrone
1/2 TL Honig
etwas Cayennepfeffer
1 TL Sojasauce
1 1/2 EL Sojaöl
1 reife Birne
1 Scheibe geräucherte Putenbrust

Die Möhre schaben oder schälen, waschen und grob raspeln. Die Chinakohlblätter waschen und in feine Streifen schneiden (restlichen Kohl in Klarsichtfolie wickeln, kühllegen und am nächsten Tag verwenden).
Die Saucenzutaten verrühren. Dann die Birne waschen, entkernen und entweder geschält oder ungeschält kleinschneiden, einige Scheiben für die Dekoration zurücklassen. Die Sauce, Möhre und Chinakohl zufügen, alles gut vermischen. Die mit etwas Sauce bepinselten Birnenscheiben auf den Salat legen. Das Putenfleisch entweder - wie auf dem Foto - in Streifen untermischen oder als ganze Scheibe dazulegen.

Roter Chicoréesalat mit Nüssen

Sauce:
Salz, Pfeffer
1 Messerspitze milder Delikateß-Senf
1 TL Rotweinessig
1 TL Zitronensaft
1 1/2 EL Walnußöl
Außerdem:
1-2 Stauden roter Chicorée
1 kleine, rote Zwiebel
5 Walnüsse (oder einige Haselnüsse)

Die Saucenzutaten gut verrühren. Den Chicorée putzen, waschen und in Ringe schneiden. Die Zwiebel abziehen, in feine Ringe schneiden. Dann mit kochendem Wasser überbrühen, damit sie milder wird. Die Nüsse knacken. Alle Salatzutaten auf einem Teller vermischen.
Die Sauce darüberträufeln.
Variation:
Grüne, halbierte und entkernte Weintrauben passen gut mit in den Salat. Ebenso feine Scheiben von ungeschältem roten Apfel.

Tip

Salatsauce wird leichter, wenn man sie mit etwas kaltem Fond (evtl. Instantbrühe verdünnt).

Linsensalat mit Kasseler

3 EL gegarte Linsen
knapp 1 Handvoll Keimlinge z.B. aus Weizen, Linsen oder Alfalfa
Sauce:
1 EL Balsamicoessig
Salz, Pfeffer
1 1/2 EL Distelöl
Außerdem:
1-2 Scheiben Kasseler Aufschnitt oder Frühstücksspeck

Die abgetropften Linsen auf einen Teller geben. Die verrührten Saucenzutaten darübergießen. Die gewürzten Linsen möglichst 1-2 Stunden durchziehen lassen. Dann die gewaschenen, abgetrockneten Keimlinge daruntermischen. Den Salat nochmals pikant abschmecken. Das Fleisch entweder als Scheibe dazulegen oder feingeschnitten darüberstreuen. (Frühstücksspeck ausbraten, auf Küchenkrepp entfetten).

Gemüse ist reich an Ballaststoffen, den Vitaminen A, C und dem B-Vitamin „Folsäure". Auch die Mineralstoffe Kalium, Calcium, Magnesium, Eisen, Mangan und Selen stecken darin.
Gemüse können Sie täglich anders zubereiten: gedünstet oder gedämpft, mit etwas Butter oder Öl verfeinert oder mit leckerer Zitronenbutter.
Abwechslungsreiche Dekorationen: bestreut mit gehackten Kräutern, gebräunten Semmelbröseln, Nüssen, Pinienkernen, Pistazien oder Mandelblättchen. Auch in der Pfanne gebraten schmeckt es gut. In Italien wird gegrilltes Gemüse mit Olivenöl, Zitronensaft und Knoblauch mariniert. Auch im Ofen überbakken schmeckt es köstlich: mit heller Sauce oder Sahne oder mit Käse bestreut. Diese Zubereitung empfiehlt sich ebenso für rohe oder gekochte Kartoffeln. Schmackhafte Gemüseeintöpfe lassen sich schnell zubereiten - zusammen mit Kartoffeln, Fisch, Fleisch oder ganz vegetarisch, z.B. mit etwas Kokosmark.
Viele Gemüse lassen sich füllen - mit Farcen aus Gemüse, Fisch, Fleisch oder gekochtem Reis. Beliebt bei Parties sind pikante Torten (Quiche): Mürbeteig, belegt mit gegartem Gemüse, darüber ein Eier-Rahm-Käseguß, eventuell zusätzlich mit Schinken oder Hackfleisch. Hauptrolle in der Vollwertküche spielt Gemüserohkost. Ein Lieblingskind der feinen Küche ist püriertes Gemüse: als Terrine, als Vorsuppe mit Brühe und etwas Sahne. Mitgeschmortes püriertes Gemüse bindet Fleisch- und Fischsaucen.

Tips

Gemüse nicht im Wasser liegen lassen. Mit nur wenig Wasser garen. Garzeit kurz halten. Aufwärmen vermeiden - das schützt die Vitamine und Mineralstoffe.

Manchmal läßt sich Grünes nicht in kleinsten Mengen kaufen. Es hält sich aber kurzfristig im Kühlschrank. Fast alle Gemüse vertragen Temperaturen um plus 1 °C, nur feine Salatblätter sind kälteempfindlich. Also: Gemüse an einen kalten Platz legen. Vorher in gelochte Folie oder verschließbare Kunststoffbehälter packen.

Bei der Zubereitung kombinierter Gerichte: Gemüse mit der längsten Garzeit zuerst in den Topf geben.

Gemüse bleibt aromatisch und farbschön, deshalb bei Kombinationen jede Sorte für sich garen, erst danach mischen oder auf einer Platte nebeneinander anordnen.

Gedämpfte Gemüse mit Zitronenbutter

(Foto Seite 2o/21)

Etwa 25o g gemischtes Gemüse z.B. Möhre, Zuckererbsen, Kohlrabi, Staudensellerie
Schale von 1/2 unbehandelten Zitrone
Sauce:
2 EL Butter
1 TL Zitronensaft
Salz, Pfeffer
2-3 EL Schlagsahne
frisch gehackter Kerbel oder Schnittlauch

Das Gemüse putzen, danach waschen, erst dann zerschneiden: Die Möhre schaben oder schälen, kleinschneiden. Von den Zuckererbsen die Enden abschneiden, dabei eventuell die seitlichen Fäden mit abziehen. Den Kohlrabi schälen, in Scheiben, dann in Streifen schneiden. Staudensellerie in Stücke schneiden. (Das restliche Gemüse in Klarsichtfolie verpackt kühl legen und für Rohkost verwenden.) Die gelbe, mit einem Sparschäler hauchdünn abgeschälte Zitronenschale kurz in kochendes Wasser legen, danach kalt abspülen. Dann in feine Streifen schneiden. Das Gemüse nebeneinander in einen flachen Topf legen. Dann in wenig Wasser 1o Minuten dünsten. Inzwischen die Butter schmelzen. Zitronensaft, Zitronenschale, Salz und Pfeffer zufügen. Die Sahne zugießen, dabei die Sauce mit einem Schneebesen kräftig aufschlagen. Das Gemüse auf einem heißen Teller anordnen, mit Kräutern bestreuen, mit Sauce übergießen.

Beilage:
Junge Kartoffeln und Kräuterquark, Butternudeln, Reis oder kleine gebratene Kartoffelpuffer, kurzgebratenes Fleisch o.ä.
Variation:
Sie können dieses Rezept auch mit nur einer Gemüsesorte zubereiten. Für Gäste (Mengen vergrößern) ist dagegen eine bunte Gemüseplatte dekorativ und lecker.

Pürierte Erbsensuppe mit Lachs

(Foto)

5 EL tiefgefrorene Erbsen
1 Prise Zucker
1 Tasse Brühe Instant
1oo g Lachsfilet
1 Spritzer Zitronensaft
1 EL Crème fraîche
1 Zweig Dill oder andere Kräuter

Die Erbsen (restliche Erbsen in der fest verschlossenen Packung im TK-Gerät lassen) zusammen mit Zucker in der Brühe 15 Minuten garen. Den abgetupften Fisch mit Zitrone würzen. In kleine Würfel schneiden. Crème fraîche in die Suppe geben, alles mit einem Pürierstab fein pürieren. Fischwürfel in eine vorgeheizte Suppentasse geben, die kochendheiße Suppe darübergießen. Einmal umrühren. Die Suppe mit Kräutern bestreut sofort genießen.

Auberginen-Tomaten-Auflauf

(Foto)
1 kleine Aubergine
Salz
1 TL Zitronensaft
1 Tomate
etwa 1 TL Olivenöl
Pfeffer
1 kleine zerdrückte Knoblauchzehe
1 Eiweiß
1 Eigelb
3 EL Milch
1/2 TL Speisestärke
2 EL geriebener Emmentaler-Käse oder Parmesankäse

Die ungeschälte, gewaschene Aubergine grob würfeln. Dann mit Salz bestreut etwa 20 Minuten stehenlassen. Danach abtupfen und mit Zitronensaft beträufeln. Die gewaschene Tomate würfeln, dabei entkernen. Die Aubergine in heißem Öl in einer Pfanne 5 Minuten braten. Dann die Tomate zugeben, beides würzen. 3 Minuten weiterbraten. In eine gefettete, feuerfeste Form geben.
Das Eiweiß schaumig schlagen, Eigelb, Milch und die Speisestärke unterrühren. Dann den Käse unterrühren. Den schaumigen Guß über das Gemüse gießen, alles bei 200 °C 15 Minuten goldgelb überbacken.

Pfannengemüse

4 grüne Spargelstangen
2-3 Möhren
15 g Butter
Salz
1 EL gehackter Kerbel oder Petersilie

Die Spargelstangen nur am unteren Ende schälen, dann in kleinfingerlange Stücke schneiden. Die Möhren schälen, in ebenso große Stücke schneiden. Beides zusammen in heißer Butter in einer Pfanne 5 Minuten zugedeckt bei geringer Hitze garen. Dann den Deckel abnehmen. Das Gemüse unter Rühren bei größerer Hitze fertiggaren. Abschmecken und mit Kräutern bestreut genießen.

Folienkartoffeln

2 mittelgroße Kartoffeln

Die Kartoffeln waschen, abtrocknen, einzeln in Alufolie einwickeln.
Die Folienpakete auf dem Backblech in den Backofen schieben. Bei 200-220 °C etwa 50 Minuten backen. Die garen Folienkartoffeln überkreuz einschneiden, die Einschnitte auseinanderdrücken.
Beilage:
Kräuter- oder Tomatenquark passen gut dazu.

Gefüllte Kohlrabi

1 große Kohlrabi mit Grün
1 EL Wasser
Salz
1 Schalotte
1 TL Butter
Pfeffer, Muskat
6 EL Magerquark
2 EL geriebener Käse

Kohlrabi putzen, Stiel mit Grün abschneiden, beiseite legen. Knollen waschen, von oben her aushöhlen, in Wasser mit etwas Salz in etwa 15 Minuten fast weich dünsten. Zarte Blätter auswählen, waschen, in Streifen schneiden. Schalotte abziehen, in Würfel schneiden. Butter zerlassen, Zwiebelwürfel, Blattstreifen, Kohlrabistücke aus dem Inneren darin etwa 15 Minuten weich dünsten. Mit Salz, Pfeffer, Muskat würzen, etwas abkühlen lassen. Mit Magerquark und Käse vermengen. Die Masse in die ausgehöhlte Kohlrabi füllen, in eine gefettete Auflaufform setzen, im Backofen bei 220 °C etwa 20 Minuten überbacken.
Beilage:
Dazu Salzkartoffeln reichen.

Glasiertes Gemüse

(Foto)
2 Möhren (etwa 12o g)
1 Zucchino (etwa 12o g)
2 kleine Zwiebeln
4 EL Wasser
knapp 1 TL gekörnte Brühe
1 EL Butter
1/2 TL Zucker

Die geschälten, gewaschenen Möhren in Scheiben schneiden oder als Kugeln ausstechen. Den ungeschälten, gewaschenen Zucchino in Ovale schneiden. Die Zwiebeln abziehen. Die übrigen Zutaten in einer Pfanne aufkochen. Gemüse darin 1o Minuten zugedeckt garen. Dann ohne Deckel unter dauerndem Umrühren stark erhitzen, bis die Flüssigkeit verdampft ist und das Gemüse glänzt.

Beilage:
1 Scheibe in Pflanzenöl und mit etwas Knoblauch gebratenes Weizenbrot, Kartoffelpüree oder Kräuterkartoffeln.

Der leichte Karamel überzieht die Oberfläche des Gemüses.

Gemüseeintopf

(Für 2 Portionen)
1/4 Kopf vom Spitzkohl
1 Möhre
2 Stangen Staudensellerie
2 Kartoffeln
2o g Butter
1/2 Tasse Fleischbrühe
Salz, Pfeffer
eventuell:
1 EL Kokosraspel

Spitzkohl putzen, waschen, in Streifen schneiden. Möhren schaben oder schälen, dann würfeln. Ebenso den Sellerie und die geschälten, gewaschenen Kartoffeln würfeln. Butter im Topf erhitzen, Gemüse und Kartoffeln zufügen und unter Rühren 5 Minuten anschmoren. Brühe zugeben. Alles 2o Minuten zugedeckt bei milder Temperatur garen. Eventuell mit Kokosraspeln bestreut servieren.

Tip:
Aus Eintopfresten läßt sich mit Reibekäse und Butterflöckchen am nächsten Tag ein Gratin bereiten.

Variation:
Statt Brühe können Sie auch dikke Kokosmilch (aus dem Asiengeschäft) als Flüssigkeit verwenden. Das schmeckt besonders fein.

Mit Käsesauce überbackenes Gemüse

25o g Chinakohl
1 TL Sojasauce
1 Prise Currypulver
1 TL Pflanzenöl
1 Ecke Schmelzkäse
1/2 Tasse Milch
1 EL Semmelbrösel
Butterflöckchen

Den geputzten, gewaschenen Kohl in Streifen schneiden. Zusammen mit den Gewürzen im heißen Öl unter Umrühren im Topf 5 Minuten garen. Käse und Milch unter Umrühren erhitzen, bis sich der Käse löst. Das Gemüse in eine gefettete flache Form verteilen. Die Käsemischung darübergießen. Semmelbrösel und Butterflöckchen darüber verteilen. Unter dem heißen Grill oder im Ofen bei 2oo °C goldbraun überbacken.

Variation:
Die gleiche Zubereitungm können Sie für Erbsen, Chicorée, Gemüsezwiebeln usw. wählen.

Ratatouille

(Foto, für 2 - 3 Portionen)

1 Zwiebel
2 Knoblauchzehen
1 kleine Aubergine
Salz
1 Fleischtomate
1 kleiner Zucchino
1 kleine rote Paprikaschote
(eventuell einige Champignons)
2 EL Olivenöl
1 TL Tomatenmark
1 Lorbeerblatt
getrockneter Thymian
getrockneter Rosmarin
getrockneter Majoran
Pfeffer
gehackte Petersilie

Die abgezogene Zwiebel fein hacken. Die geschälten Knoblauchzehen zerdrücken. Die Aubergine ungeschält würfeln, mit Salz bestreut 1o Minuten stehenlassen, dann trockentupfen. Inzwischen die Tomate kreuzweise einschneiden, mit kochendem Wasser überbrühen. Knapp 1 Minute stehenlassen, dann häuten, entkernen und würfeln. Zucchino und die entkernte Paprikaschote ungeschält würfeln. (Champignons nur trocken sauberbürsten, große Pilze vierteln). In einem nicht zu kleinen Topf das Öl erhitzen. Gemüse (und eventuell die Pilze) zusammen mit den Gewürzzutaten übereinanderschichten. Den Deckel auflegen, und das Gemüse bei geringer Hitze etwa 5o Minuten garen. Dann abschmecken, mit gehackter Petersilie bestreuen.

Tip:
Das nicht verwendete Gemüse kann kalt als Vorgericht verzehrt werden.

1. Variation:
Ebensogut können Sie es am nächsten Tag in eine Paprikaschote oder eine ausgehöhlte Aubergine füllen und zugedeckt erhitzen, bis die Paprikaschote oder Aubergine gar ist.

2. Variation:
Für 2 dünne Crêpes aus 1 Eßlöffel Weizenmehl, Mineralwasser und 1 Ei einen flüssigen Pfannkuchenteig rühren. In einer Pfanne mit heißem Fett nacheinander goldbraun backen. Je eine Portion heißes Ratatouille darauf geben. Die Pfannkuchen aufrollen. Eventuell mit Parmesankäse bestreut servieren.

Die Haut der Tomaten mit einem spitzen Messer abziehen.

Gebratene Sellerieraspel

1 EL geraspelte Haselnüsse
25o g Sellerieknolle
Saft von 1/2 Zitrone
Salz, Pfeffer
2o g Butter

Die Haselnüsse in einer heißen Pfanne goldgelb braten, dann herausnehmen und bereitstellen. Die Sellerieknolle schälen, grob raspeln, mit Zitronensaft beträufeln. Würzen und in heißer Butter in der Pfanne unter dauerndem Umwenden etwa 12 Minuten braten. Mit Nüssen bestreut auf den Teller geben.
Dazu schmeckt sehr gut eine gebratene Scheibe Ananas (Dose) oder kurzgebratenes Fleisch oder Fischfilet.

Variation:
Die gleiche Zubereitungsart können Sie auch für frische Rote Bete wählen. Dazu schmeckt Fischfilet besonders gut.

Gefüllte Paprikaschote

1 Paprikaschote
2 Scheiben Bacon (Frühstücksschinken)
1 TL scharfes Paprikapulver (Rosenpaprika)
2 EL Wasser
50 g Schweinemett
2 EL Joghurt

Von der Paprikaschote am Stielende einen Deckel abschneiden. Die Schote entkernen. 1 Scheibe Bacon würfeln, zusammen mit Paprikapulver und Wasser unter das Mett kneten. Die Schote damit füllen. Dann auf die zweite Baconscheibe in eine Pfanne setzen. Zugedeckt 20 Minuten bei mittlerer Temperatur schmoren. Auf den Teller geben. Bratfond losschaben und mit Joghurt verrühren (nicht mehr kochen).

Tip:
Evtl. abgezogene, entkernte Tomatenwürfel und gehackte Petersilie unter das Mett mischen.

Das vorbereitete Mett mit einem Löffel in die Schoten füllen, etwas festdrücken.

Grüner Gemüse-Reis

1/2 Tasse Reis
1 Tasse Gemüsebrühe
10 g Butter
1/2 Tasse tiefgefrorene Erbsen
1 Handvoll Spinatblätter
Zum Bestreuen:
2 EL geriebener Parmesankäse

Den gewaschenen Reis zusammen mit Brühe und Butter etwa 10 Minuten zugedeckt garen. Dann die Erbsen 5 Minuten mitgaren. Den gewaschenen, trockengeschleuderten Spinat grob zerschneiden. Zufügen und alles weitere 5 Minuten garen. Abschmecken. Mit Käse bestreut servieren.

Rahmgemüse

250 g Möhren
Salz, 1 Prise Zucker
1 TL gekörnte Brühe
2 EL Wasser
4 EL Schlagsahne
eventuell:
1 EL Sonnenblumenkerne oder Pinienkerne

Die Möhren schaben oder schälen, dann waschen. In dicke Scheiben oder schlanke fingerlange Stücke schneiden. Im Topf zusammen mit Gewürzzutaten und Wasser zugedeckt etwa 17 Minuten dünsten. Dann die Sahne zufügen, abschmecken. Eventuell mit Sonnenblumen- oder Pinienkernen bestreuen.

Variation:
Statt nur aus Möhren können Sie dieses Rahmgemüse auch aus einer Mischung von Möhren, Erbsen und Blumenkohlröschen zubereiten. In diesem Fall sollten Sie gleich mehrere Portionen zubereiten, Nichtbenötigtes abgekühlt sofort einfrieren.

Gedämpfter Kohl mit Speck

1 junger Spitzkohl
Salz, Pfeffer
30 g durchwachsener Speck
1 EL gehackter Kerbel oder gehackte Petersilie

Den Spitzkohl vierteln (restlichen Kohl fest in Klarsichtfolie gewikkelt kalt legen). Den Strunk herausschneiden.
In einen Topf mit gelochtem Einsatz 2 cm hoch Wasser gießen, aufkochen. Das Kohlviertel aufrecht in den Einsatz legen. Mit Salz und Pfeffer würzen. Dann bei großer Hitze im geschlossenen Topf etwa 15 Minuten dämpfen.
Inzwischen den Speck fein würfeln und in einer Pfanne knusprig ausbraten. Die gewaschenen, trockengetupften Kräuter fein hacken. Vor dem Servieren beides über den Kohl verteilen.
Beilage:
Kurzgebratenes Fleisch, Frikadelle oder einfach Kartoffelpüree.

Getreide, Keimlinge (Sprossen), Hülsenfrüchte, Nüsse und Kerne, Obst und Trockenfrüchte, Joghurt, Quark, Kräuter und Knoblauch, Olivenöl, frisches und milchsaures Gemüse (Sauerkraut), Pilze und Kartoffeln - das sind die beliebtesten Zutaten in der Naturküche. So unbearbeitet wie möglich sollen sie auf den Tisch. Denn frisch und in ihrer natürlichen Form - also unverfeinert, möglichst nur kurzzeitig erhitzt und nicht irgendwie industriell verändert - enthalten sie alle Wirkstoffe in ihrer ursprünglichen Zusammensetzung. Nicht gesüßt oder gesalzen, ohne Farb- und Konservierungsstoffe, ausgewogen in allen essentiellen (lebenswichtigen) Bestandteilen - so sollten Nahrungsmittel sein, wenn sie in die Küche kommen und dort schonend zubereitet werden.

Abwechslung ist bei so vielen interessanten Zutaten kein Problem. Vollkorn-Getreide beispielsweise bietet unendliche Möglichkeiten: Weizen, Roggen, Hafer, Mais, Grünkern (Dinkel), Reis und Hirse bekommen Sie in Reformhäusern und Bio-Läden immer frisch und daher besonders wohlschmeckend. Sie bekommen es geschrotet, feiner vermahlen oder zu Flocken zerquetscht. Auch unvermahlen ist Getreide zu haben. Was kann man daraus machen? Rohes Frischkornmüsli mit Obst schmeckt köstlich, oder Sie garen die Körner genauso wie Reis und Hirse. Getreidefüllungen für Gemüse bieten sich an, kernige Salate oder - wie hier abgebildet - Gemüsesuppe mit Getreidesprossen.

Tips

Kennen Sie eigentlich die vielen verschiedenen Bohnen- und Linsenarten? Ein großer Teil der Erdbevölkerung lebt hauptsächlich davon, denn Hülsenfrüchte sind preiswert, außerdem sehr eiweiß- und mineralstoffreich. Reizvolle Rezepte dafür gibt es aus vielen Teilen der Welt, wie zum Beispiel „Chili con Carne“ aus Lateinamerika.

Vollkornmehl ist gesünder als weißes Mehl. Achten Sie deshalb auf die Typenbezeichnung beim Mehl: Je höher die Zahl, desto mehr Mineralstoffe stecken drin, desto wertvoller ist es.
Weizenmehl der Type 405 zum Beispiel hat pro 100 g Mehl 405 Milligramm Mineralstoffe, Type 550 enthält dagegen 550 Milligramm... usw.

So zieht man Keimlinge
Weizen, Roggen, ungeschälter Naturreis, Alfalfa, Senf, Linsen, Mungobohnen, Kichererbsen usw. eignen sich für die Anzucht von vitaminreichen Sprossen. Kaufen Sie nur spezielles, für Keimlinge geeignetes Saatgut aus Bio- oder Reformhäusern. So wird es gemacht: gründlich abspülen, eine Stunde in kaltem Wasser einweichen, sorgfältig abgießen. In ein weites flaches Gefäß verteilen. Mit feuchtem Küchenpapier bedecken, außerdem mit einem sauberen Mulltuch abdecken und zubinden. Ans Fenster stellen. Täglich zweimal auf einem Sieb abspülen, damit sich kein Schimmel bildet.

Gemüsebrühe mit Sprossen

(Foto Seite 32/33)
1/2 rote Paprikaschote
1/2 Knoblauchzehe
1 TL Pflanzenöl
2-3 EL gegarte weiße Bohnen, (eventuell aus der Dose)
200 ml Fleischbrühe
1/2 TL Paprikapulver edelsüß
1 Handvoll Keimlinge, z.B. Alfalfa, Rettich oder Kresse
evtl. Hefeflocken

Die Paprikaschote halbieren (den Rest in Folie eingewickelt kühl legen), dann entkernen und fein würfeln. In heißem Öl den geschälten, zerdrückten Knoblauch kurz andünsten, Paprikawürfel zufügen und kurz mit andünsten. Nun die abgespülten Bohnen (Rest zugedeckt kaltstellen, z.B. für Salat), Brühe und Paprikapulver zufügen. Die Suppe 10 Minuten zugedeckt garen. Dann die durchgespülten Keimlinge in die Suppe geben, einmal aufkochen und nochmals abschmecken. Eventuell mit Hefeflocken (Reformhaus) bestreuen.

Zum Keimen gibt es spezielle Schalen, in denen man die Keimlinge gut abspülen kann.

Chili con Carne

(Foto, für 2 - 3 Portionen)
50 g durchwachsener Speck
1 Zwiebel
1 Knoblauchzehe
300 g gehacktes Rindfleisch
1 EL Pflanzenöl
Salz, Pfeffer
1 kleine Chilischote
1 rote und 1 grüne Paprikaschote
1 kleine Dose rote Kidneybohnen
2 EL Tomatenmark (Tube)
Chilipuver nach Geschmack

Den Speck fein würfeln. Die abgezogene Zwiebel ebenfalls würfeln. Die abgezogene Knoblauchzehe zerdrücken. Das Hackfleisch in heißem Öl in einer Pfanne hell anbraten, dabei öfter umrühren. Zwiebel und Knoblauch, Salz, Pfeffer und die Chilischote dazufügen. Das Fleisch zugedeckt etwa 5 Minuten schmoren. Inzwischen die Paprikaschoten halbieren, entkernen, waschen und würfeln. Dann zusammen mit den unabgetropften Bohnen und restlichen Zutaten zufügen. Das Gericht etwa 20 Minuten bei geringer Hitze zugedeckt fertiggaren.
Beilage:
Dazu paßt knuspriges Brot.
Tip:
Im Original wird das Gericht mit frischen Bohnen und gewürfeltem Rindfleisch bereitet. Es eignet sich dann sehr gut für ein rustikales Gästeessen. - Bereiten Sie Chili con Carne immer für mehrere Portionen zu. Es läßt sich sehr gut einfrieren.

Hirseteller

(Foto)
1 TL Pflanzenöl
1 Schalotte
50 g Hirse
100 ml Gemüsebrühe
eventuell Salz
1 TL Pflanzenöl
1 zerdrückte Knoblauchzehe
1/2 Paprikaschote
50 g Zucchini
1 EL feingehackte glatte Petersilie
eventuell 1/2 EL feingehackter Liebstöckel
2 EL geriebener Parmesankäse

Das Öl erhitzen, die abgezogene feingehackte Schalotte und die Hirse darin anschwitzen. Brühe zugießen, eventuell Salz zufügen, dann alles zugedeckt 20 Minuten ausquellen lassen.
Inzwischen in einer Pfanne das Öl erhitzen, feingehackten Knoblauch, Paprikaschote und Zucchini darin andünsten. 5 Minuten unter Rühren braten. Dann zusammen mit den Kräutern unter die Hirse rühren. Abschmecken. Mit Käse bestreut servieren.
Beilage:
Dazu paßt gedünstetes Fischfilet.
Variation:
Statt Hirse können Sie auch Weizenkörner oder Gerste (oder halb und halb) nehmen.
Wichtig: einige Stunden in kaltem Wasser einweichen.
Tip:
Bereiten Sie die doppelte Menge Getreide zu. Reste lassen sich für alles mögliche andere verwenden. Zum Beispiel für Getreide-Bratlinge.

Kartoffelklöße mit gehackten Nüssen

1/2 Paket gekochte Klöße
50 g Walnußkerne
20 g Butterflocken

Das Kloßpulver nach Packungsanweisung anrühren, quellen lassen und zu Klößen formen. Dann in gesalzenem Wasser nach Anweisung garen. Dann die Klöße herausnehmen, abtropfen lassen.
Die gehackten Walnüsse in einer Pfanne 5 Minuten bei mittlerer Hitze unter Umrühren anrösten. Die Klöße rundherum darin wälzen. Jeweils eine Butterflocke daraufsetzen.
Beilage:
Rohkost aus 1 großen geschälten und geraspelten Möhre, Orangensaft, Salz, 1 Prise Zukker, 1 Teelöffel Pflanzenöl (kein Olivenöl).

Tips

Ungeschältes Vollkorn-Getreide vor der Verwendung waschen, dann einige Stunden in Wasser einweichen (Wasser zum Garen verwenden). Das verkürzt die Garzeit.

Garen Sie die Zutaten nur so lange, wie es unbedingt sein muß. Jedes Erhitzen führt zu Vitaminverlust.

Bunter Salat mit Aprikosen

(Pro Portion)
einige grüne Salatblätter
1 Möhre
3-4 getrocknete Aprikosen
1 EL gekeimte Sonnenblumenkerne (oder andere Keimlinge)
einige halbierte grüne Weintrauben (oder anderes Obst)
Salz, Pfeffer
Saft von 1/2 Zitrone
3 TL Pflanzenöl zum Beispiel Traubenkernöl

Die Salatblätter waschen, trokkentupfen und mundgerecht zerzupfen. Die Möhre schaben oder schälen und grob raspeln. Die Aprikosen waschen, abtupfen, dann in feine Streifen schneiden. Alles auf einem Teller verteilen, die abgespülten Sonnenblumenkeime und die entkernten Weintrauben darübergeben. Dann den Salat mit Salz und Pfeffer würzen. Mit Zitronensaft und Öl beträufeln. Als Vorgericht reichen. Oder eine größere Salat-Portion als Hauptmahlzeit servieren.
Beilage:
Pellkartoffeln mit Butter dazu reichen.

Gemüse-Fladen

(Foto)
Teig:
2o g Hefe
2-3 EL lauwarmes Wasser
3oo g frischgemahlenes Vollkornweizenmehl
etwa 2oo ml lauwarmes Wasser
etwas Salz
Belag für jeweils 2 Fladen:
1-2 Tomaten
Basilikum
Salz, Pfeffer
Oder:
1-2 junge Zucchini
1 TL Pflanzenöl
1 Knoblauchzehe
Salbei oder Basilikum
1-2 EL geriebener Hartkäse

Für den Teig die Hefe zerkrümeln, das Wasser zugießen, mit einer Gabel die Hefe darin glattrühren. Das Mehl in eine Schüssel häufen, oben eine Vertiefung eindrücken. Die Hefemischung hineingießen, mit etwas Mehl knapp verrühren. Etwas von dem Mehl darüberstäuben.
Den Vorteig mit einem sauberen Geschirrtuch bedeckt etwa 15 Minuten an einem warmen Ort aufgehen lassen.
Dann das restliche Wasser und Salz zugeben, alles zu einem geschmeidigen Teig verkneten. Nochmals zugedeckt aufgehen lassen, bis der Teig sich fast verdoppelt hat. Danach den Teig etwa 1 cm dick ausrollen und etwa 12 runde Fladen ausschneiden. 1-2 Fladen sofort weiterverarbeiten. (Die übrigen nebeneinander ins Gefriergerät legen und für spätere Verwendung einfrieren. Erst wenn sie geforen sind, in Gefrierbeutel verpacken.)

Belag:
Die Fladen entweder mit rohen Tomatenscheiben, Basilikum, Salz und Pfeffer belegen. Oder für den Zucchini-Belag die ungeschälten Zucchini in Scheiben schneiden. In heißem Öl zusammen mit zerdrücktem Knoblauch und Salz anbraten. Dann auf die Fladen legen. Die gehackten Kräuter und den Käse darüberstreuen. Bei 2oo °C etwa 2o Minuten backen.

Tip:
Bei manchen Bäckern bekommt man auf Bestellung fertiggekneteten, rohen Brotteig. Holen Sie sich etwa 5oo g für Ihren Tiefkühl-Vorrat.

Beilage:
Knoblauchquark, Kräuterquark oder Crème fraîche runden den Geschmack der Fladen ab.

Linsen-Kartoffel-Püree

(Für 2 Portionen)
1oo g rote getrocknete Linsen
ca 17o g Kartoffeln
2oo ml Wasser
Salz
2 EL Pflanzenöl
1/2 TL Kreuzkümmel (Kumin)
1/2 TL Chilipulver
1 EL gehackte glatte Petersilie

Die Linsen waschen, dann mindestens 1 Stunde in reichlich Wasser einweichen, dann abgießen. Die Kartoffeln waschen, schälen und würfeln. Beides zusammen mit dem Wasser etwa 45 Minuten bei sehr geringer Hitze garen. Danach mit einem Kartoffelstampfer zerdrücken. Das Öl zusammen mit Kreuzkümmel und Chilipulver in einer Pfanne erhitzen. Über das Püree geben und untermischen, gut abschmecken. Das Püree mit Petersilie bestreut servieren.

Beilage:
Gedünstetes Sauerkraut mit gebratenen Zwiebelringen. Zerbröckelter Schafskäse oder pikanter Joghurt passen gut dazu.

Tip:
Aus eventuell restlichem Püree können Sie zusammen mit Brühe eine Suppe bereiten. Oder das Püree mit Haferflocken verknetet zu Bratlingen formen und in Öl braun braten.

Curry-Kartoffeln

(Foto, pro Portion)
25o g festkochende Kartoffeln
2 EL Pflanzenöl
Salz
1 große Zwiebel
1 Stück Ingwerwurzel
1 zerdrückte Knoblauchzehe
1 1/2 TL Currypulver
1/2 Tasse Wasser
zum Bestreuen:
1-2 EL Sesamsaat

Die Kartoffeln schälen, waschen und in große Würfel schneiden. In einer Pfanne das Öl erhitzen, und die gesalzenen Kartoffeln darin etwa 1o Minuten anbraten. Dabei öfter umrühren. Inzwischen die Zwiebel abziehen und nicht zu fein würfeln. Ein Stück Ingwerwurzel schälen und sehr fein hacken (etwa 1 Teelöffel, die restliche Wurzel in Alufolie fest verpackt im Kühlschrank lagern.) Beides zusammen mit Knoblauch und Currypulver zu den Kartoffeln geben. Das Wasser zugießen. Den Deckel auf die Pfanne legen und alles etwa 12 Minuten dünsten. Dann abschmekken und mit Sesam bestreut genießen.

Beilage:
Feldsalat mit Nüssen und gekochte Eier passen gut dazu.

Paprika-Sauerkraut

15o g Sauerkraut
1 kleine rote oder grüne Paprikaschote
15 g Butter
Salz
Rosenpaprikapulver scharf
1 EL Crème fraîche
zerbröckelter Fetakäse oder 1-2 EL Hüttenkäse

Das Sauerkraut mit einem großen Messer leicht hacken. Die Paprikaschote halbieren, entkernen, waschen und fein würfeln. Dann das Sauerkraut zusammen mit den Paprikawürfeln in Butter 1o Minuten unter Umrühren in einer Pfanne schmoren. Pikant mit Salz und Rosenpaprika abschmecken. Nun die Crème fraîche unterrühren. Das Paprikasauerkraut mit zerbröckeltem Käse bestreuen.

Beilage:
Kartoffelpüree oder Cabanossiwurst (oder beides).

Tip

Würzen Sie oft mit frischen Kräutern. So braucht man weniger Salz, um Speisen abzuschmekken. Kräuter sind sehr vitamin- und mineralstoffreich.

Pilzragout mit Mohnnudeln

2oo g frische Champignons, oder Shiitake-Pilze oder Austernpilze
1 Schalotte
2o g Butter
Salz, Pfeffer
getrockneter Thymian
1/2 Tasse saure Sahne
1 EL Weißwein
125 g Vollkornnudeln
15 g Butter
1 EL Mohn

Die mit einem Pinsel von anhaftender Erde saubergebürsteten Pilze nicht zu klein schneiden. Die Schalotte abziehen, würfeln, dann in Butter in einer Pfanne anbraten. Die Pilze zufügen, mit Salz, Pfeffer und Thymian würzen. Unter häufigem Umwenden etwa 1o Minuten schmoren. Dann saure Sahne und Wein zufügen, nicht mehr kochen. Inzwischen die Vollkornnudeln nach Packungsanweisung in gesalzenem Wasser garen. Danach abgießen. Butter und Mohn in einem kleinen Topf erhitzen, die Nudeln darin schwenken.

Beilage:
Dazu paßt Kopfsalat.

Kräuter-Joghurt-Sauce

(Foto)
250 ml Joghurt
1 EL gehackte frische Minze
1 EL Schnittlauchröllchen
oder andere Kräuter
Salz, Pfeffer
etwas Zitronensaft

Den Joghurt und alle übrigen Zutaten verrühren. Dann zu Hülsenfrüchten, gebratenen Auberginen, Spinat oder Paprikaschoten reichen.

Variation:
Sie können den Joghurt statt mit Kräutern auch mit Paprikapulver oder angedünstetem Kreuzkümmel würzen.

Tip

So bereitet man Joghurt
H-Milch auf etwa 37 °C (Körpertemperatur) erhitzen. Pro Liter Milch 2 Eßlöffel unpasteurisierten Joghurt mit dem Schneebesen unterschlagen. Dann die Milch abdecken und etwa 6 Stunden bei 37-40 °C stehen lassen (auf der Heizung, im Backofen). Dann 6 Stunden kühlstellen. Dieser Joghurt hält sich mindestens 3 Tage im Kühlschrank. Aus einem Rest können Sie in gleicher Weise noch 3-4 mal Ihren eigenen Joghurt bereiten. Ab und zu muß die Basis (Kultur) durch Zukauf von frischem Joghurt erneuert werden.

Bunte Brote

GURKEN-QUARK
(für 2 Scheiben Brot)
10 g Butter
gehackter Dill
1/4 kleine ungeschälte Salatgurke
Salz, Pfeffer
2 gehäufte EL Quark
Schnittlauchröllchen
einige Zwiebelringe

Das Vollkornbrot mit Butter bestreichen, dann mit gehacktem Dill dick bestreuen. Darüber die Gurkenscheiben legen. Salzen und pfeffern. Quark, Schnittlauch und Salz verrühren. Auf das Brot geben. Mit Zwiebelringen hübsch belegen.

PAPRIKA-QUARK
(für 2 Scheiben Brot)
10 g Butter
Schnittlauchröllchen
1/2 rote Paprikaschote
(oder 1 kleine)
Salz
Rosenpaprikapulver
scharf
2 gehäufte EL Quark
2 TL Sonnenblumenkerne

Die Brotscheiben mit Butter bestreichen, dann dick mit Schnittlauchröllchen bestreuen. Die Paprikaschote entkernen und waschen. Dann sehr fein würfeln. Zusammen mit den Gewürzzutaten und dem Quark verrühren. Den Paprikaquark auf die Brotscheiben verteilen. Mit Sonnenblumenkernen bestreuen.

Gebratene Kichererbsen

1 Zwiebel
1/2 grüne Paprikaschote
1 Tomate
1 EL Pflanzenöl
4 EL abgetropfte Kichererbsen
(Dose)
Salz
Chilipulver

Die abgezogene Zwiebel in Ringe schneiden. Die Paprikaschote entkernen, waschen, dann in Streifen schneiden. Die Tomate waschen, dann würfeln. Das Öl in einer Pfanne erhitzen. Die Kichererbsen (die restlichen zugedeckt in einem Glas für andere Zwecke kalt stellen) darin anbraten, dabei umrühren. Dann die Zwiebeln hellgelb mit anbraten. Zum Schluß die Paprikaschote und die Tomate, sowie Salz und Chilipulver zufügen. Den Deckel auf die Pfanne legen, alles 10 Minuten dünsten.

Beilage:
Pikant gewürzter Quark oder Hüttenkäse mit Kräutern schmeckt gut dazu.

Fisch ist der Star in der Feinschmeckerküche und Trumpf, wenn es um gesunde Ernährung geht. Außer dem wichtigen Spurenelement Jod (in Seefisch), seinem hochwertigen Eiweiß und der leichten Verdaulichkeit hat er noch mehr zu bieten: Kalium, Calcium und Eisen, sowie die Vitamine A und D (in fettreicheren Fischsorten wie Hering, Makrele, Lachs).

Für die Single-Küche ist Fisch besonders gut geeignet. Denn er ist in kleinen Portionen zu bekommen, und die Garzeit ist kurz. Außerdem läßt er sich sehr einfach zubereiten, vor allem Filet, wie zum Beispiel das hier abgebildete Rotbarschfilet mit Tomaten. Auch das ist einfach und schnell: Das Fischfilet nur kurz in Butter braten, mit etwas Wein begießen - so paßt es zu Gemüse, Reis, Kartoffeln oder auch lauwarm als Beilage zu gemischtem Salat.

Im Ofen gegart schmeckt Fisch besonders gut: Roh - mit sahniger Sauce oder Tomatenscheiben bedeckt und mit geriebenem Parmesankäse bestreut, zwanzig Minuten goldbraun überbacken.

Auch das ist leicht und lecker: Fisch auf Gemüse dünsten oder im Eintopf kurz mitgaren. In der feinen Fischküche bereitet man zarte Farcen für Klößchen, Füllungen und Terrinen. Suppen aus Fischfond - fertiggekauft oder selbst bereitet - mit Fischfilet und Meeresfrüchten als Einlage, stehen in wenigen Minuten auf dem Tisch.

Vor dem Servieren:

Heizen Sie auf alle Fälle Platte und Teller vor.

Tips

Fisch muß vor allem frisch sein. Das ist wichtiger als die Sorte. Kaufen Sie nur, was im Geschäft ganz frisch verfügbar ist. Servieren Sie ihn am selben Tag. - Außergewöhnliche Fische (zum Beispiel Lotte, Steinbutt usw.) muß man vorbestellen.

Säuern und salzen Sie vorsichtig. Zuviel überlagert den Eigengeschmack, kleine Spuren von Salz und Säure heben ihn.

Fischfilet ist in wenigen Minuten gar. Bereiten Sie es immer à la minute, das heißt während die Gäste darauf warten. Tip: Teller stark anheizen, unpaniertes Filet nur auf einer Seite braten, mit der gebratenen Seite nach oben auf den sehr heißen Teller legen. Dann ist der Fisch richtig.

Saucen usw. vorher auf die Teller geben, dann den Fisch darübergeben.

Safran, Dill und Estragon sind klassisch-feine Fischgewürze. Mit Zwiebel, Lorbeer und Senfkörnern würzt man auf die „bürgerliche Art". Wichtig für den guten Geschmack sind auch etwas Butter und ein paar Spritzer Zitrone.

Fisch lange im Wasser zu kochen ist „out". Stattdessen wird pochiert (nur so kurz gegart, bis das Fischfleisch nicht mehr glasig ist), entweder im Dampf oder ganz kurz im schwach kochenden Fond.

Rotbarschfilet auf Tomatenscheiben

(Foto Seite 44/45)

Etwa 150 g Fleischtomate
200 g Rotbarschfilet
Salz, Pfeffer
etwas abgeriebene Zitronenschale
20 g Butter
$^1/_2$ TL getrockneter Thymian
einige Tropfen Zitronensaft
1 Scheibe Zitrone

Die gewaschene Tomate in Scheiben schneiden, in eine feuerfeste, ausgebutterte Form legen.
Das gewaschene, trockengetupfte Fischfilet auf die Tomate legen, mit Salz, Pfeffer und Zitronenschale würzen.
Alufolie oder einen Deckel auf die Form legen. Den Fisch im Ofen bei 200 °C etwa 15 Minuten garen.
Inzwischen Butter, Thymian und Zitronensaft verkneten. Auf das gegarte Fischfilet legen.
Zusammen mit der Zitronenscheibe servieren.

Tip 1:
Um die Wärme des Backofens auszunutzen, 1 Tasse gewaschenen Reis zusammen mit der doppelten Menge kochenden Wassers und etwas Salz zugedeckt mit im Ofen garen. Zum Fisch reichen.

Tip 2:
Der Fisch kann auch sehr gut im Mikrowellengerät gegart werden. Gardauer: 2 mal $1^1/_2$ Minuten auf höchster Stufe, dazwischen 2 Minuten Stehzeit.

Hummersuppe mit Garnelen

(Foto)

1 Würfel Hummersuppe (oder anderes Fertigprodukt)
Wasser nach Packungsanweisung
1 EL Crème double oder Sahne
1 Zweig Dill
100 g vorgegarte Garnelen (Tiefsee- oder Nordseekrabben)
eventuell:
1 Schuß Cognac

Die Fertigsuppe nach Anweisung zubereiten, dann mit Crème double oder Sahne verfeinern. Gehackten Dill und die Garnelen in die heiße Suppe geben, nicht mehr kochen. Nach Belieben mit Cognac abschmecken. (Die restliche Suppe am besten einfrieren).

Die Garnelen mit der einen Hand am Schwanz, mit der anderen Hand am Kopf anfassen, den Kopf vorsichtig drehen und den Schwanz aus der Schale ziehen.

Heilbuttschnitte auf Fenchelgemüse

(Foto)
1 kleine Fenchelknolle
Salz
etwas Butter
2oo g Heilbutt
Pfeffer
2 EL Wein oder Gemüsebrühe
2o g kalte Butter
eventuell:
1 Tomate zur Dekoration

Die Fenchelknolle unten etwas abschneiden, beschädigte oder braune äußere Blätter entfernen. Das frische Grün beiseite legen. Dann die Knolle längs in Scheiben schneiden, leicht salzen. Das Gemüse in wenig Butter 5 Minuten dünsten.
Nun die Flüssigkeit zugießen und die Fischscheibe darauf setzen. Leicht salzen und pfeffern. Gemüse und Fisch 1o Minuten zugedeckt garen. Beides auf einen heißen Teller legen. Die kalte Butter mit einem Schneebesen unter die Garflüssigkeit schlagen. Das gehackte Fenchelgrün zusammen mit der Sauce über Fisch und Gemüse geben. Eventuell mit einigen Würfeln einer gehäuteten, entkernten Tomate dekorieren.
Tip:
Da Fenchel und Fisch gut zueinander passen, läßt sich dieses Rezept ebensogut mit allen anderen Fischarten bereiten.

Fischsalat nach Art der Provence

2oo g gegartes Fischfilet z.B. Rotbarsch
1 reife, kleine Fleischtomate
5 schwarze Oliven
1 Frühlingszwiebel
Saft von 1/2 Zitrone
Salz, Pfeffer
Käuter der Provence
1 TL Olivenöl
Sauce:
1 abgezogene, zerdrückte Knoblauchzehe
2-3 EL Mayonnaise

Das zerpflückte Fischfilet, die mit kochendem Wasser überbrühte und dann gehäutete, gewürfelte, entkernte Tomate, Oliven vermischen. Von der Frühlingszwiebel die Wurzeln und äußeren dunkelgrünen Blätter entfernen, dann die Zwiebel in feine Ringe schneiden und zufügen. Alles mit Zitronensaft, Salz, Pfeffer, Kräutern und Olivenöl würzen.
Für die Sauce Knoblauch und Mayonnaise verrühren. Unter den Fischsalat mischen.
Beilage:
Dazu eventuell getoastetes Fladenbrot servieren.

Kabeljau mit Champignons

1 Kabeljaufilet (2oo g)
Zitronensaft
1 Schalotte
125 g Champignons
Pfeffer
Salz
1 EL Pflanzenöl
2 EL gehackte Kräuter, z.B. Basilikum oder Petersilie
1 EL Schlagsahne

Das Fischfilet unter fließendem kaltem Wasser abspülen, trokkentupfen, mit Zitronensaft beträufeln, etwa 15 Minuten stehenlassen. Die Schalotte abziehen, halbieren, in feine Würfel schneiden. Die Champignons trocken mit einem Pinsel oder mit Küchenkrepp säubern, Pilze in Scheiben schneiden. Mit etwas Zitronensaft beträufeln. Das Fischfilet wieder trockentupfen, mit Salz und Pfeffer würzen, in dem erhitzten Öl von beiden Seiten 1-2 Minuten braten, auf einer vorgewärmten Platte warmstellen. Die Schalottenwürfel in dem restlichen Bratfett glasig dünsten. Die Champignonscheiben hinzufügen, in 1-2 Minuten garen. Kräuter und Sahne unterrühren. Mit Pfeffer und wenig Salz abschmecken. Die Champignons über dem Filet verteilen, sofort servieren.

Crabmeat in Wein-Sahne-Sauce

(Foto)
125 ml Fischfond (Fertigprodukt)
125 ml trockener Weißwein
$^1/_2$ Würfel Krebssuppenpaste
2 EL Schlagsahne
Pfeffer
100 g Crabmeat, tiefgefroren oder aus der Dose
eventuell:
etwas Salz
1 EL Sherry oder 1 Spritzer Cognac
Dill zur Dekoration

Fischfond und Wein erhitzen, den zerbröckelten Suppenwürfel mit dem Schneebesen darin verrühren. Dann Sahne, Pfeffer und das Crabmeat unterrühren, nach Packungsanweisung garen. Danach abschmecken: Eventuell Salz zufügen. Mit Sherry oder Cognac verfeinern. Mit Dillblättchen garnieren.
Beilage:
Butterreis.

Den gegarten Butterreis in eine mit Wasser ausgespülte Tasse drücken, auf den Teller stürzen, zum Fisch servieren.

Klare Lachsbrühe

150 g Lachsfilet
Salz, Pfeffer
250 ml Fischfond (Fertigprodukt)
10 g Butter
$1^1/_2$ EL feingehackte Kräuter, z.B. Kerbel, oder halb Basilikum und halb glatte Petersilie

Das Lachsfilet in Würfel schneiden. Leicht salzen und pfeffern. Den Fond zusammen mit der Butter in einem Topf aufkochen, dann die Fischwürfel dazugeben. Die Kräuter zufügen, abschmekken, und die Suppe sofort servieren (das Filet gart sehr schnell).
Beilage:
Dazu passen frisches Baguette und Butter.

Garnelen mit Knoblauch

(pro Portion)
4-6 Garnelen (Gambas, am besten bereits gegart und geschält)
1 EL Pflanzenöl
2 zerdrückte Knoblauchzehen
1 abgezogene getrocknete rote Chilischote
4 EL (etwa 60 ml) trockener Weißwein
Salz

Die Garnelen zusammen mit Öl, Knoblauch, Chili und Wein einige Minuten bei hoher Temperatur in einer Pfanne erhitzen. Dann salzen und zu frischem Brot servieren.

Seehecht in grüner Sauce

200 g Seehechtfilet (oder anderer Fisch)
Salz, etwas Zitronensaft
etwa 6 Venusmuscheln (oder Miesmuscheln)
1 Zwiebel
1 abgezogene, zerdrückte Knoblauchzehe
1 TL Olivenöl
10 g Butter
etwas Weizenmehl
2 EL tiefgefrorene Erbsen
100 ml heiße Fleisch- oder Gemüsebrühe (möglichst Fischfond)
5 EL weißer spanischer Wein
2 EL feingehackte glatte Petersilie

Das Fischfilet waschen, salzen und leicht säuern. Die Muscheln unter fließendem Wasser sorgfältig sauberbürsten. Die geschälte Zwiebel hacken. Zusammen mit dem Knoblauch in Öl und Butter in einem flachen Topf andünsten. Den Fisch nun rundherum gut mit Mehl bepudern, in den Topf legen. Bei geringer Hitze im eigenen Saft 4-5 Minuten zugedeckt garziehen lassen. Nun Muscheln, Erbsen, die heiße Brühe und Wein zufügen. Alles 5 Minuten kochen, dann abschmecken. Mit Petersilie bestreuen und servieren.
Tip:
Wenn Sie mehrere Portionen zubereiten, läßt sich der Fisch sehr gut in einer feuerfesten Keramikschale bei 200 °C im Ofen garen, Garzeit je nach Menge etwa 20-35 Minuten.

Schollenfilet mit Meerrettich

(Foto)
1 EL Pflanzenöl
1 TL geriebener Meerrettich (aus Tube oder Glas)
etwa 2oo g Schollenfilets
außerdem:
1 kleine Möhre
etwa 1oo g Knollen- oder Staudensellerie
1 kleiner Zucchino
Pflanzenöl
4 EL Fleisch- oder Gemüsebrühe (Instant)
Salz, Pfeffer
ein Spritzer Zitronensaft
gehackte Petersilie
eventuell:
2 EL Schlagsahne

Zum Würzen des Fisches Öl und geriebenen Meerrettich verrühren. Den Fisch damit bestreichen und etwa 15 Minuten stehenlassen. Inzwischen die Möhre schaben (oder schälen). Knollensellerie schälen (Staudensellerie nur ungeschält verwenden), beides waschen und würfeln. Zucchino ungeschält waschen und würfeln. Die Gemüsewürfel in wenig Öl andünsten, dann die Brühe zugeben. Alles 7-1o Minuten zugedeckt garen. Das Fischfilet in einer anderen Pfanne in heißem Öl von beiden Seiten 2 Minuten braten. Mit Salz, Pfeffer und Zitronensaft würzen.
Das Gemüse abschmecken, gehackte Petersilie darüberstreuen, eventuell mit Sahne verfeinern. Filets auf das Gemüse legen.

Überbackener Lachs

2oo g Lachsfilet
1 TL Zitronensaft
Pfeffer
etwas Butter zum Ausfetten der Form
1/4 l Helle Sauce (Fertigprodukt)
Butterflöckchen
1 EL geriebener Parmesankäse

Das Lachsfilet mit Zitronensaft beträufeln und leicht pfeffern. Dann in eine ausgebutterte, feuerfeste Form legen. Die Sauce nach Packungsanweisung zubereiten, heiß über den rohen Fisch gießen. Butterflöckchen und geriebenen Käse darüber verteilen. Das Lachsfilet sofort im vorgeheizten Ofen bei 2oo °C oder unter dem Grill etwa 15 Minuten goldgelb überbacken.
Tip:
Diese Zubereitung läßt sich ebensogut mit anderem Fischfilet machen.
Variation:
Sie können die Sauce gut mit gehacktem Estragon, Kresse oder Dill oder auch mit etwas Wein abschmecken.

Kabeljaukotelett mit Senfbutter

1 Kabeljaukotelett, etwa 25o g
Salz, Pfeffer
etwas Zitronensaft
2 EL trockener Weißwein oder Brühe
2o g Butter
2 EL Schlagsahne
1 EL milder Senf

Das Kabeljaukotelett mit Salz, Pfeffer und Zitronensaft würzen. Die Flüssigkeit in einem kleinen Topf erhitzen, den Fisch hineingeben. Den Deckel auflegen, und den Fisch bei milder Hitze knapp 8 Minuten garen. Inzwischen in einem anderen kleinen Topf die Butter erhitzen. Wenn der Fisch gar ist, mit einem Schneebesen Sahne und Senf unter die Butter schlagen. Die Sauce sofort über den Fisch gießen.
Beilage:
Salzkartoffeln.
Tip:
Garen Sie zuerst die Kartoffeln etwa 15 Minuten. Dann erst den Fisch aufsetzen. Beides jeweils 8 Minuten weitergaren.

Fischfilet auf Balsamico-Linsen

(Foto)
4 EL Linsengemüse (Dose)
2 EL Crème double
2 TL Balsamico-Essig
2oo g Fischfilet, z.B. Karpfen, Zander oder Seefischfilet
Weizenmehl
Salz, Pfeffer
Pflanzenöl oder Butter zum Braten
Schnittlauchröllchen

Die Linsen zusammen mit Crème double erhitzen, mit Balsamico-Essig abschmecken. (Restliche Linsen aus der Dose nehmen. In einer verschließbaren Porzellanschale kalt stellen und später für Suppe oder Salat verwenden.) Das Fischfilet trockentupfen, dann in Mehl wenden. Überschüssiges Mehl abklopfen, Fisch mit Salz und Pfeffer würzen. Nun in einer Pfanne in heißem Fett auf beiden Seiten 2-3 Minuten braten, dann auf die Linsen geben. Mit Schnittlauchröllchen bestreuen und zu dem Linsengemüse geben.

Gebratener Seelachs mit Kapernbutter

Etwa 2oo g Seelachsfilet
Saft von $^1/_2$ Zitrone
Salz, Pfeffer
2o g Butter
$^1/_2$ EL eingelegte Kapern
eventuell:
gehackte Petersilie

Das Seelachsfilet mit 1 Teelöffel Zitronensaft beträufeln. 1o Minuten stehenlassen. Dann salzen und pfeffern. Butter in einer Pfanne erhitzen, den Fisch darin von jeder Seite höchstens 2 Minuten braten. Nach der halben Bratzeit die Kapern und den restlichen Zitronensaft zufügen, den Fisch während des Garens damit dauernd beschöpfen. Auf einem vorgeheizten Teller anrichten, eventuell Petersilie darüberstreuen.
Beilage:
Salzkartoffeln dazu reichen. Im Sommer paßt auf diese Weise zubereiteter Fisch auch lauwarm auf gemischtem Salat.

Gebratener Kräuter-Hering

(Foto)
1 großer oder 2 kleine grüne Heringe
Salz
1 TL Zitronensaft
1 Bund krause Petersilie
Pfeffer
1 Scheibe Frühstücksspeck
1 EL Pflanzenöl

Den bratfertig ausgenommenen Hering waschen und trockentupfen. Innen und außen leicht salzen und mit Zitronensaft beträufeln. Die Petersilie fein hakken, in die Heringe füllen. Fisch von innen pfeffern, dann mit einem Zahnstocher zustecken. Den Speck würfeln. Zusammen mit dem Öl in einer Pfanne erhitzen. Den Fisch darin von beiden Seiten 3-4 Minuten braten.
Beilage:
Kartoffelsalat oder Salzkartoffeln.
Variation:
Auch Makrelen oder Forellen lassen sich mit Kräutern füllen und anschließend braten.

Ernährungswissenschaftler mahnen beim Fleischverzehr zum Maßhalten. Nachrichten über ungesunde Tierhaltung bringen manchen sogar zur Enthaltung. Trotzdem: Was spricht gegen ein appetitliches, perfekt gebratenes Schnitzel aus artgerechter Tierhaltung - wie hier das klassische Cordon Bleu? Gesundes Fleisch ist Aufbaustoff. Denn es enthält viele Mineralien (vor allem gut resorbierbares Eisen) und hochwertiges Eiweiß. Dazu die Vitamine B_{12}, B_6 und B_1. Wer 2-3 mal pro Woche eine Portion mageres Fleisch genießt, macht nichts verkehrt - obwohl man auch ganz ohne Fleisch gesund leben kann.

Für die Single-Küche eignen sich vor allem Stücke, die sich kurzbraten lassen. Also Steaks von Rind, Kalb, Schwein, Lamm und Wild, auch Geflügelschenkel und -brustfilets. Variieren kann man mit den Beilagen: Röstzwiebeln, Pilze, bunter Pfeffer, Kräuterbutter, Ochsenmark, Nüsse, Kräuterpasten und sogar Kaviar machen Steaks immer wieder anders. Delikat schmeckt ein in Brühe gegartes Filet. Dünne italienische Kalbsschnitzel mit Zitrone sind besonders schnell zu braten. Auch Leber oder Nieren kann man für eine Person gut zubereiten. Hackfleisch ist ideal für die Single-Küche. Beliebt und praktisch ist „Geschnetzeltes" aus Kalb, Schwein, Pute oder Wild (man kann es in größerer Menge bereiten und einfrieren) - mit Sahne und Wein geschmort.

THE ART BROKER
3145 Larimer St.
CO 80205

Tips

Fleisch sofort nach dem Einkauf aus dem Papier nehmen und im verschließbaren Behälter oder in Alufolie kühllegen.
Das Spurenelement Eisen (für die Blutbildung) nimmt der Körper aus Fleisch am besten auf - vor allem zusammen mit Vitamin-C-reichem Gemüse oder Obst, z.B. Paprikaschote oder Kiwi.
Vorsicht: Fettes Schweinefleisch enthält ziemlich viel Cholesterin. Fleisch nach dem Braten entfetten.
Rindfleisch muß unbedingt „abgehangen" sein. Es sieht dann bräunlich-rot aus.
Steaks gibt es in unterschiedlichen Fleischarten: vom Rind, Kalb, Schwein, Lamm, Wild, von der Pute oder aus der Hühnerbrust. Auch aus gehacktem Fleisch lassen sich „Steaks" (Deutsches Beefsteak) zubereiten.
Bepinseln Sie Steaks mit Öl, bevor Sie sie im Kühlschrank aufheben. 30 Minuten vor dem Braten aus dem Kühlschrank nehmen.
Fleisch wird heutzutage nicht mehr so heiß gebraten: Heiß anbraten, Temperatur sofort drosseln. Bei geringer Temperatur fertigbraten. Fett immer erst nach dem Braten abschneiden.
Für Brühe wird das Fleisch vorher einmal abgebrüht: Fleisch ins kochende Wasser geben, aufkochen. Herausnehmen und abspülen. Erst dann in die leicht siedende Gemüsebrühe geben und langsam fertiggaren.

Cordon Bleu

(Foto Seite 56/57)

1 Kalbschnitzel (etwa 150 g)
Salz, Pfeffer
1 Scheibe Hartkäse (z.B. Sbrinz oder Gruyère)
1/2 Scheibe entfetteter, gekochter Schinken
1 EL Weizenmehl
1 etwas geschlagenes Eiweiß
1 EL Semmelbrösel
1 EL Pflanzenöl
1 EL Butter
1 Scheibe Zitrone

Das Schnitzel flachklopfen, auf einer Seite würzen. Dann zur Hälfte mit Käse und Schinken belegen. Zusammenklappen und feststecken.
Nun zuerst in Mehl, dann in Eiweiß und danach in Semmelbröseln wälzen. In einer Pfanne im heißen Fett von jeder Seite etwa 3 Minuten goldbraun braten. Mit Zitronenscheibe servieren.
Variation:
Wenn Sie das Schnitzel (aus Kalbfleisch) ungefüllt braten, heißt es "Wiener Schnitzel". Schweineschnitzel können Sie nach der gleichen Methode zubereiten.

Kalbsfilet mit Banane

(Foto)

1 Banane
1 EL Zitronensaft
2 Kalbs- oder Schweinefilets à 80 g
Pfeffer
1 EL Pflanzenöl
4 sehr dünn geschnittene Scheiben Frühstücksspeck
2 EL Fleischbrühe oder Wein
2 EL Schlagsahne
Salz, Pfeffer
1 Prise Currypulver
eventuell:
1 EL Mangochutney
1 EL Cognac

Die geschälte Banane in Scheiben schneiden, mit Zitronensaft beträufeln. In einer Pfanne im heißen Öl das mit Pfeffer gewürzte Fleisch von jeder Seite etwa 1/2 Minute anbraten. Dann jedes Filet auf zwei kreuzweise übereinandergelegte Speckscheiben geben, mit einigen Bananenscheiben belegen. Den Speck darüber zusammenlegen. Mit Holzspießchen feststecken. Das Fleisch im Bratfett zugedeckt etwa 5 Minuten weitergaren. Herausnehmen, warm stellen. Flüssigkeit und Sahne zusammen mit der restlichen Banane zugeben, würzen. Eventuell Mangochutney und Cognac zufügen. Alles erhitzen und kurz mit dem Pürierstab schaumig aufpürieren. Die Sauce zum Fleisch geben. Dazu paßt Reis sehr gut.

Gebratenes Rindersteak

(Foto, pro Portion)

150-200 g Steakfleisch (Filet, Rumpsteak, Kluft- oder Hüftsteak)
1 EL Pflanzenöl
15 g Butter
Salz
grob gemahlener Pfeffer
Sauce:
2 EL Brühe, Wein, Sherry usw.
Eventuell:
saure Sahne, Schlagsahne oder Butter

Das Fleisch nicht klopfen und nicht würzen, mit Küchenkrepp trockentupfen. Das Öl bei hoher Temperatur in einer Pfanne kurz erhitzen, (Vorsicht, verbrennt leicht). Dann das Fleisch hineinlegen, leicht andrücken, (ein Blatt Küchenpapier darüberlegen, damit es nicht spritzt). Temperatur auf mittlere Hitze drosseln. Nach 2 Minuten das Fleisch wenden, nochmals 2 Minuten weiterbraten. (Bratzeit eventuell verlängern, siehe Tabelle). Die Butter zugeben, das Fleisch damit beschöpfen. Dann salzen und pfeffern. Warm stellen. Fett aus der Pfanne gießen. Den Bratfond mit Brühe, Wein oder etwas Sherry oder Cognac ablöschen. Eventuell mit Sahne oder Butter verfeinern. Über das Fleisch gießen und sofort servieren.

Tip:
Flambieren können Sie das Steak mit hochprozentigem Alkohol wie Whisky, Cognac usw. Den Alkohol über das Fleisch gießen, dann anzünden. Das Fleisch brennend servieren.

Rosig oder durchgebraten?
Von jeder Seite **1** Minute
= blutig
Von jeder Seite **2** Minuten
= rot
Von jeder Seite **3** Minuten
= rosig, medium
Von jeder Seite **4** Minuten
= durchgebraten

Variationen für Steaks
Das Steakfleisch vor dem Braten rundherum mit grob geschrotetem schwarzen oder bunten Pfeffer „panieren“. Im Bratfett können Sie auch stattdessen verschiedene Zutaten als Auflage für das Steak kurz mitbraten (siehe auch Seite 57): z.B. grünen Pfeffer, Zwiebelringe, Pilzblättchen, Paprika- oder andere Gemüsestreifen, Ochsenmark, Zitronenscheibchen und Kapern, halbierte Weintrauben, gegarte Pfirsiche oder Birnen (besonders für Wildsteaks).
Kalt darauf angerichtet werden: Kräuterbutter, Anchovis, Kaviar, sauer eingelegte Zwiebeln usw.

Bunte Fleischpfanne

(Pro Portion)

120-150 g Rinder- oder Schweinefilet (aus der Filetspitze) oder Geflügelbrustfleisch
1/2 TL Speisestärke
2 EL Sojasauce (fertiggekauft)
1 Möhre
200 g Chinakohl
1 TL Pflanzenöl

Das Fleisch in fünfmarkstückgroße Scheiben schneiden. Speisestärke und Sojasauce in einem kleinen Gefäß oder Gefrierbeutel vermischen, Fleisch zugeben. Behälter verschließen, 1 Stunde kühl stellen, zwischendurch wenden. Vor dem Braten trockentupfen.
Inzwischen die Möhre putzen, waschen und grob raffeln oder in feine Streifen schneiden. Chinakohl ebenfalls putzen, waschen und kleinschneiden.
Eine große Pfanne (oder einen chinesischen Wok) zusammen mit Öl bei hoher Temperatur erhitzen. Das abgetupfte Fleisch unter dauerndem Umrühren darin 3 Minuten braten. Dann herausnehmen oder an die Seite schieben, die Gemüsestreifen ins Fett geben. Unter dauerndem Rühren einige Minuten braten. Fleisch und die übrige Sojasauce wieder zufügen, alles untereinanderrühren. Abschmecken.

Königsberger Klopse

(Foto, für 2 Portionen)
2 Sardellenfilets
1/2 trockenes Brötchen
heiße Milch zum Einweichen
250 g gehacktes Fleisch (z.B. 125 g Schweinefleisch und 125 g Kalbfleisch)
etwas Salz, Pfeffer
1/2 feingehackte Zwiebel
1/2 Eiweiß
Sauce:
15 g Butter
15 g Weizenmehl
250 ml (1/4 l) heißes Wasser oder Fleischbrühe
1 Spritzer Zitronensaft
2 TL eingelegte Kapern
1 Eigelb
2 EL Schlagsahne

Die Sardellenfilets in kaltem Wasser abspülen, dann 10 Minuten wässern. Abspülen, trockentupfen und fein hacken. Das zerbröckelte Brötchen mit soviel heißer Milch übergießen, wie das Brötchen aufsaugt. Hackfleisch, Sardellenfilets, das weiche Brötchen, Gewürzzutaten und Eiweiß gut verkneten. Aus der Masse mit nassen Händen kleine Klöße formen.
Die Butter erhitzen, das Mehl zugeben und hell anschwitzen. Die heiße Flüssigkeit mit einem Schneebesen nach und nach unterschlagen. Etwas Zitronensaft zufügen. Nun die Klößchen in die Sauce geben. Bei geringer Hitze etwa 20 Minuten zugedeckt garen. Die Kapern in die Sauce rühren. Eigelb und Sahne verrühren, in die Sauce quirlen. Die Sauce nicht mehr kochen.

Ingwer-Hackfleisch-Klößchen

(Pro Portion)
1/4 Brötchen, in kaltem Wasser eingeweicht
150 g gemischtes Hackfleisch
1 Eigelb oder Eiweiß
Salz, Pfeffer
1 kleines Stück Ingwerwurzel
1 EL Pflanzenöl
1 große Fleischtomate

Das ausgedrücke Brötchen zusammen mit Fleisch, Ei, Salz und Pfeffer verkneten. Von der Ingwerwurzel ein fingerspitzengroßes Stück abschneiden und schälen (Rest hält sich in Alufolie etwa 3 Wochen im Kühlschrank, paßt zum Beispiel zu Geflügelsteak). Den Ingwer in feine Scheibchen schneiden, dann so fein wie möglich hacken. Die Hälfte unter das Fleisch kneten. Kleine Bällchen daraus formen. In einer Pfanne in heißem Öl die Fleischbällchen rundherum braun braten, restlichen Ingwer mitbraten.
Inzwischen die Fleischtomate mit kochendem Wasser überbrühen, eine Minute stehenlassen. Dann die Haut abziehen, Tomate entkernen und würfeln. Die Tomatenwürfel mit in die Pfanne geben. Alles einmal kräftig erhitzen, dann abschmecken.
Beilage:
Dazu frisches Brot oder Salzkartoffeln servieren.

Fleischklößchen in Zitronenfond

(Pro Portion)
150 g Wurstbrät (Kalbsbratwurst)
1 TL getrockneter Rosmarin
15 g Butterschmalz oder Butter
6 EL Fleischbrühe (Instant)
1 EL frisch gepreßter Zitronensaft
eventuell:
Salz, Pfeffer

Das Brät in kleinen Klößchen aus der Pelle drücken. Die Rosmarinnadeln in einem Mörser kleinmahlen oder mit einem Löffel zerdrücken. Bei mittlerer Hitze die Klößchen zusammen mit Rosmarin in heißer Butter rundherum goldgelb braten. Dann Brühe und Zitronensaft zugießen. Die Sauce eventuell nachwürzen.
Beilage:
Dazu schmecken Kartoffeln, Reis, geschmorte Tomaten, geschmorte Schalotten usw.
Tip:
Fleischklößchen lassen sich sehr gut einfrieren, entweder fertig gegart oder roh. Bereiten Sie deshalb gleich eine Portion für Ihren Tiefkühl-Vorrat mit vor.

FLEISCH

Hähnchenbrust auf Fenchelgemüse

(Foto)
1 kleine Fenchelknolle
15 g Butter
etwa 180 g Hähnchenbrustfilet
Salz, Pfeffer
1 Eigelb
3 EL Joghurt
1 TL Zitronensaft

Von der Fenchelknolle das untere Ende etwas abschneiden. Die eventuell bräunlichen äußeren Blätter entfernen. Nun die Knolle vierteln, waschen und in Streifen schneiden. Das Fenchelgrün beiseite legen. In heißer Butter das Gemüse kurz anschmoren. Das Fleisch darauf legen, würzen. Den Deckel auf den Topf legen und alles 20 Minuten garen. Dann Eigelb und Joghurt verrühren, unter das Gemüse rühren. Mit Zitronensaft würzen. Fleisch und Gemüse mit dem Fenchelgrün verzieren.

Beilage:
Dazu schmeckt eine Scheibe Weißbrot, mit Butter und 1/2 zerdrückten Knoblauchzehe in der Pfanne braungebraten.

Fenchelknolle vierteln, waschen und in Streifen schneiden.

Rinderfilet im Sud

(Pro Portion)
Ca. 250 ml Fleischbrühe
1 Möhre
1 Stück Sellerie
1 halbierte Zwiebel mit Schale
180-200 g Rinderfilet aus der Mitte

Die Brühe zusammen mit dem geschälten, gewaschenen und kleingeschnittenen Gemüse aufkochen. Mit Küchengarn (oder Zwirn) das Stück Fleisch rund in Form binden. Zwei Schlaufen als Aufhänger mit anbringen, einen Kochlöffelstiel durchschieben. Löffel quer über den offenen Topf legen, und das Fleisch dann in die schwach kochende Brühe hängen, 6-8 Minuten garziehen lassen.

Beilage:
Zusammen mit fertiger Sauce Béarnaise oder Meerrettichsahne servieren. Dazu paßt buntes Gemüse: Erbsen, Möhren, Spargel, Brokkoli usw.

Variation:
Zum Garziehen im Sud eignen sich auch zartes Kalbfleich oder Geflügelbrust. Geflügelbrust 10-12 Minuten ganz durchgaren.

Tournedos im Estragon-Mantel

180 g Rinderfilet (etwa 2 cm dick)
frischer Estragon
2 Scheiben sehr dünn geschnittener durchwachsener Speck
1 TL Pflanzenöl
Salz, Pfeffer
2 EL Crème fraîche oder saure Sahne

Das Fleisch an den Rändern rundherum mit einigen Estragonblättchen belegen. Dann die Speckscheiben darüberlegen und das Fleisch mit Küchengarn rundbinden. In einer Pfanne in heißem Öl von jeder Seite 2-3 Minuten braten. Danach würzen. Die Crème fraîche oder saure Sahne und 3 weitere zerzupfte Estragonblättchen zufügen, den Bratfond aufkochen und durchrühren. Alles würzen. Die Sauce über das Fleisch schöpfen.

Beilage:
Dazu schmecken grüne Bohnen sehr gut.

Variation:
Sie können im Bratfett etwa 75 g geputzte Champignons mitbraten.

Putengeschnetzeltes auf orientalische Art

(Foto)
125 g Putenbrust
2 EL Sojasauce
1/2 TL Speisestärke
etwa 2oo g kleingeschnittenes Gemüse, z.B. Paprikaschote, Staudensellerie, Chinakohl oder Champignons
1 EL Pflanzenöl
4 EL Wasser
Pfeffer, Salz
1 Prise Zucker
1/2 TL Essig

Die Putenbrust in Streifen schneiden. Sojasauce und Speisestärke verrühren, das Fleisch damit etwa 1 Stunde marinieren. Dann herausnehmen. Das geputzte, gewaschene Gemüse bzw. die Pilze in feine Streifen schneiden. In einer Pfanne im heißen Öl das abgetupfte Fleisch unter Umwenden hellbraun braten.
Herausnehmen, beiseite stellen. Im Bratfett die Gemüsestreifen ebenfalls 5 Minuten braten. Dann Wasser, die übrige Sojasauce, Pfeffer und eventuell etwas Salz zufügen. Das Fleisch wieder zugeben. Alles mit Zukker und Essig süßsauer abschmecken.

Beilage:
Dazu paßt Reis sehr gut.

Tip:
Falls Sie keine Pilze zugefügt haben, läßt sich das Gericht gut einfrieren. In diesem Fall empfiehlt es sich, eine größere Portion zuzubereiten und in den Tiefkühl-Vorrat zu legen.

Geschnetzeltes in Sahnesauce

15o-2oo g zartes Fleisch: z.B. Kalbs- oder Schweineschnitzel, Putenbrust oder Hühnerbrust
1 EL Pflanzenöl zum Braten
Salz, Pfeffer
3-4 EL Schlagsahne
eventuell:
1 EL Weißwein oder 1 TL trockener Wermut (Noilly Prat)

Das Fleisch in feine Streifen schneiden. Eine Pfanne mit Öl erhitzen. Das Fleisch hineingeben (bei größeren Portionen das Fleisch in mehreren Partien), braten, 2 Minuten ohne zu rühren braten. Dann umrühren und bei starker Hitze schnell hellbraun braten. Salzen und pfeffern, dann die Sahne zugießen. Den Deckel auf die Pfanne legen und - je nach Fleischart - etwa 5 Minuten bei geringer Hitze schmoren (Geflügelfleisch muß ganz durchgaren). Eventuell mit Wein abschmecken.

Beilage:
Rösti. Ebensogut dazu schmekken Spätzle.

Variation:
Sie können auch Champignons mit anbraten oder zusammen mit der Sahne einige Tiefkühlerbsen oder anderes Gemüse zufügen.

Lebergeschnetzeltes mit Apfel

15o g Kalbs- oder Schweineleber
etwa 1 1/2 EL Weizenmehl
1 säuerlicher Apfel
einige Spritzer Zitronensaft
2 frische Salbeiblätter oder Salbeipulver
2o-3o g Butter
Salz, Pfeffer
Eventuell:
1/2 Tasse Fleischbrühe oder Sahne

Die Leber in nicht zu kleine Streifen schneiden. Zusammen mit dem Mehl in einen kleinen Gefrierbeutel geben, Beutel hin- und herwenden, damit die Leber von allen Seiten bestäubt ist. Den Apfel schälen, entkernen und in feine Scheiben schneiden. Mit Zitronensaft beträufeln. Salbei in Streifen schneiden. Die Butter erhitzen, Apfelscheiben und Salbeiblättchen darin braten. Herausnehmen. Nun im heißen Bratfett die vom Mehl abgeklopften Leberstreifen von allen Seiten schnell unter Umwenden hellbraun braten. Würzen. Eventuell Flüssigkeit angießen und aufkochen. Abschmecken.

Beilage:
Dazu schmeckt Kartoffelpüree sehr gut.

Morgens, mittags oder abends - es ist immer erfrischend und köstlich, in ein Stück Obst zu beißen. Beim Frühstück bereits können Sie sich damit Gutes tun. Früchte sind meistens leichte Kost, da sie viel Wasser enthalten. Nur sehr süßes Obst, wie z.B. Weintrauben oder Feigen, bringt relativ viel Energie, ebenso Bananen und Trockenfrüchte. Obst ist ein vorzüglicher Vitamin-C-Spender, besonders Kiwis, schwarze Johannisbeeren und Erdbeeren. Außerdem kommen Vitamin A und die Mineralstoffe Kalium, Magnesium, Mangan und Eisen darin reichlich vor. Obstgelee (mit Gelatine) - wie hier aus süßen Pflaumen - oder Rote Grütze sind beliebte sommerliche Desserts, dazu passen Vanillesauce, flüssige Sahne (vielleicht mit etwas Joghurt „erleichtert") oder Eis. Besonders erfrischend sind Obstsalate - am schönsten, wenn man von vielen verschiedenen Früchten etwas hineingeben kann. Zu Quarkspeisen und Joghurt schmecken frische reife Sommerbeeren und alle kleingeschnittenen Früchte der Saison. Zu Crêpes, feinen Cremes und Sahnedesserts passen rohe Obstpürees oder in wenig Wasser oder Wein kurz gedünstete Früchte (Kompott). Zusammen mit etwas Butter und Zucker kann man sie auch in einer Pfanne karamelisieren oder kurz braten und eventuell mit einem Schnapsglas voll erhitztem Weinbrand flambieren. Gefüllte Bratäpfel schmecken vor allem im Winter sehr gut.

Tips

Genießen Sie Obst am besten frisch. So muß man es lagern: Erdbeeren und andere Früchte bleiben länger fest und frisch, wenn man sie im Behälter mit ungelochter Folie abdeckt und kalt stellt (also nicht vorbereiten und einzuckern).

Frische Obstpürees lassen sich gut portionsweise einfrieren.

Sommerbeeren friert man auf einem Tablett ausgebreitet ein. Später in Gefrierbeutel umpakken, so kann man sie leicht herausschütten und portionieren.

Luft, Licht und Hitze greifen Vitamine an. Deshalb alles erst unmittelbar vor dem Verzehr zerschneiden usw. Garzeiten so kurz wie möglich halten.

Zitronensaft verhindert das Braunwerden von rohen Äpfeln, Birnen, Pfirsichen.

Pflaumengelee mit Quarksauce

(Foto Seite 68/69, für 2 Tage)

250 g reife Pflaumen
250 ml (1/4 l) fruchtiger Rotwein
1 Stückchen dünn abgeschälte unbehandelte Zitronenschale
1 EL Zucker
3 Blätter rote Gelatine
3 Blätter weiße Gelatine
Sauce:
1 EL Quark
2-3 EL Milch
1/2 Päckchen Vanillezucker
1 TL Zucker

Die entsteinten Pflaumen zusammen mit Rotwein, Zitronenschale (mit einem Sparschäler abschälen) und Zucker 5 Minuten zugedeckt dünsten. Gelatine in kaltem Wasser einweichen. Dann in dem leicht abgekühlten Pflaumenkompott verrühren. Die Zitronenschale entfernen. Kompott in eine Schale oder Kastenform gießen und bis zum Erstarren kalt stellen. Dann eventuell stürzen.
Für die Sauce alle Zutaten mit dem Pürierstab schaumig durchmixen.

Tip:
Das Pflaumengelee läßt sich auch sehr gut aus einem Glas Kompott zubereiten.

Variation:
Die Sauce schmeckt besonders gut, wenn man etwa 50 g Rohmarzipan mit aufmixt.

Blaubeerpfannkuchen

(Foto, pro Portion)

1 1/2 EL Weizenmehl
60 ml Mineralwasser oder Milch
1 Prise Salz
1 Ei
1 Messerspitze Backpulver
20 g Butter zum Braten
3-4 EL Blaubeeren
Zucker zum Bestreuen

Mehl, Flüssigkeit und Salz mit einem Schneebesen verrühren. Etwa 10 Minuten zum Quellen stehenlassen. Dann Ei und Backpulver darin gut verrühren. In einer Pfanne die Hälfte der Butter erhitzen. Den Teig hineingeben, die Pfanne auf die Seite ziehen. Die Blaubeeren auf dem Teig verteilen. Dann den Pfannkuchen auf der Kochstelle etwa 4 Minuten braten. Den Kuchen auf einen großen Teller gleiten lassen. Die restliche Butter in die Pfanne geben, den Kuchen nun wenden. In etwa 4-5 Minuten braunbraten. Dann mit Zucker bestreut servieren.

Kompott mit Haube

(Foto)

25o g gemischtes Kompott, z.B. gedünstete Aprikosen und Kirschen (evtl. aus der Dose oder aus dem Glas)
1 Eiweiß
1 TL Zitronensaft
4o g feiner Zucker

Das abgekühlte Kompott in eine feuerfeste Schale geben. Dann Eiweiß und Zitronensaft zu steifem Schnee schlagen. Den Zukker einrieseln lassen und noch etwa 3 Minuten weiterschlagen. Die Baisermasse auf das Kompott verteilen. Unter dem vorgeheizten Grill etwa 5 Minuten hellbraun überbacken. Sofort genießen.

Variation:

Geben Sie 1 Eßlöffel geriebene Mandeln oder Nüsse mit in die Baisermasse. Fein für Gäste: Die Baisermasse mit etwas Cointreau oder Grand Marnier aromatisieren. Sie können statt des Kompotts auch rohe Orangenfilets oder Sommerbeeren mit der Baisermasse überbacken.

Rhabarber mit Blätterteig

1 Scheibe tiefgefrorener Blätterteig
2 Stangen Rhabarber
1 Süßweinglas (5o ml) Wasser
1 EL Zucker
etwas Eigelb oder Sahne zum Bestreichen

Den Blätterteig auftauen, dann dünn ausrollen. Eine kleine feuerfeste Schale umgekehrt darauf legen, den Teig entsprechend groß ausschneiden.
Nun den entblätterten, in feine Stücke geschnittenen Rhabarber in der Form verteilen. Wasser und Zucker aufkochen, dann über den Rhabarber gießen.
Nun den Blätterteig als Deckel darauf legen. In die Mitte eine Öffnung schneiden, damit der Dampf beim Backen entweichen kann. Den Teig mit Eigelb oder Sahne bestreichen. Alles im Ofen bei 2oo °C goldbraun backen. Das Dessert heiß zusammen mit kalter flüssiger Sahne genießen.

Tip:

Das Rezept läßt sich sehr gut in größerer Menge zubereiten. (Nutzen Sie die Backofenwärme, um gleichzeitig etwas anderes darin zu garen, z.B. ein Stück in gebutterte Alufolie gewickeltes Fischfilet.)

Apple-Crumble

Streusel:
1 EL kalte Butter
1 EL Weizenmehl
1 EL Zucker
eventuell:
etwas Zimt oder abgeriebene Schale von 1/4 Zitrone
außerdem:
1 säuerlicher Apfel
Butter zum Ausfetten der Form

Butter, Mehl, Zucker und Zimt oder Zitronenschale für die Streusel mit den Fingern „zerreiben“. 3o Minuten in den Kühlschrank stellen. Inzwischen eine flache feuerfeste, kleine Schale ausfetten. Den Apfel schälen, entkernen und waschen. Dann in feine Scheiben oder Würfel schneiden. In die Form geben. Die Streusel darüber verteilen. Dann im Ofen bei 2oo °C 15-2o Minuten braunbacken. Das heiße Dessert mit Vanillesauce (kalt angerührt) oder Vanilleeiscreme servieren.

Tip:

Dieses Rezept läßt sich sehr gut für mehrere Portionen bereiten und ist auch ein besonders schönes Dessert für Gäste.

Gegrillte Banane

(Foto)
1 Banane
1 TL Zitronensaft
1o g Butter
1 Messerspitze Zimtpulver
1 TL Puderzucker
oder flüssiger Honig
Sauce:
1 EL Mascarpone
oder Crème double
1 EL Milch
etwas Vanillezucker
eventuell:
Preiselbeeren zur Dekoration

Die Banane schälen und längs halbieren. Sofort mit Zitronensaft beträufeln. In eine feuerfeste, kleine Schale legen. Die Butter erhitzen, Zimt und Zucker bzw. Honig unterrühren. Die Bananenhälften damit bestreichen. Unter dem vorgeheizten Grill in etwa 4-5 Minuten goldgelb überbacken.
Für die Sauce Mascarpone, Milch und Vanillezucker verrühren. Eventuell mit einigen Beeren (oder etwas Johannisbeergelee) verzieren.

Tip:
Schneller geht es, wenn Sie die Banane von jeder Seite 2-3 Minuten in der Pfanne braten.

Für Gäste:
In einer Schöpfkelle 2 cl (je nach Menge der Bananen etwas mehr) Birnengeist oder Rum leicht erwärmen, dann über die Banane gießen und anzünden. Die Sauce (sie läßt sich auch aus Joghurt zubereiten) dazu reichen.

Obstsalat

2 EL tiefgefrorene Himbeeren
1 Kiwi
1 Stück Melone
1 TL flüssiger Honig
etwas Vanillezucker

Die Himbeeren auftauen. Dann die Kiwi schälen und in Scheiben schneiden. Die Melone entkernen, schälen und würfeln oder Kugeln ausstechen (restliche Melone in Klarsichtfolie wickeln und auf einem Teller für den nächsten Tag kalt stellen). Den Obstsalat mit Honig und Vanillezukker süßen. Alles vorsichtig vermischen. Dann zu Joghurt, Quark oder Eiscreme genießen.

Karamelisierte Zwetschgen

(Für 2 Portionen)
5o g Zucker
25o g Zwetschgen
Vanille-Eiscreme

Den Zucker in einen kleinen Topf schütten. Bei großer Hitze hellbraun zerlaufen lassen, dabei nicht umrühren. Die entsteinten Zwetschgen sofort zufügen. Dann alles gut durchrühren, so daß der heiße Karamel die Zwetschgen durchzieht. Zugedeckt im Topf einige Stunden abkühlen lassen. Wenn sich der Karamel gelöst hat, mit Vanille-Eiscreme servieren.

Apfelkompott

(Für 2-3 Portionen)
4 große, säuerliche, festkochende Äpfel (z.B. Granny Smith)
Saft und abgeriebene Schale von 1 Zitrone (unbehandelt)
1-2 EL Korinthen oder Sultaninen
1-2 EL Zucker
1 Vanillezucker

Die Äpfel schälen, entkernen und in nicht zu feine Scheiben schneiden. In einen Topf geben und sofort mit Zitronensaft begießen. Zitronenschale, Korinthen, Zucker und Vanillezucker darübergeben. Einmal umrühren. Die Äpfel bei milder Hitze zugedeckt (ohne zu öffnen) etwa 15 Minuten langsam ohne Wasserzugabe garen. Dann in einer Schüssel abkühlen lassen.

Eventuell als Beilage:
Süßer Milchreis mit brauner Butter.

Variation für Gäste:
Das Kompott abwechselnd mit Schlagsahne und gerösteten, gezuckerten Zwiebackbröseln in eine Schale schichten .

Kirschen mit Quark überbacken

(Foto - pro Portion)
15o g Süßkirschen
etwa 1 EL Zucker
1oo g Quark
1 TL Speisestärke
1 TL Vanillezucker
1 Eigelb
1 Eiweiß

Die gewaschenen, entsteinten Kirschen in ein feuerfestes Schälchen legen, mit Zucker bestreuen. Quark, Speisestärke, Vanillezucker und Eigelb verrühren. Das Eiweiß steif schlagen, dann mit dem Schneebesen unter den Quark rühren. Quarkmasse über das Obst verteilen. Im Backofen bei 18o °C 2o Minuten backen. Heiß servieren.

Tip:
Das Rezept empfiehlt sich auch für mehrere Portionen. Dann verlängert sich die Backzeit. Machen Sie vor dem Servieren die Garprobe: Ein Holzstäbchen in die Quarkmasse stechen, herausziehen. Bleibt kein Teig mehr am Holzstab haften, dann ist die Masse gar.

Variation:
Das Rezept läßt sich ebensogut mit Heidelbeeren, dünnen Apfelscheiben oder Sommerbeeren zubereiten.

Kirschsuppe

15o g Sauerkirschen
1 EL Zucker
1 Stück dünn abgeschälte Zitronenschale (unbehandelt)
2oo ml Wasser
knapp 1 TL Speisestärke

Die gewaschenen Kirschen entsteinen. Dabei den Saft auffangen. Den Zucker, die Zitronenschale und das Wasser zufügen. In einer Tasse die Speisestärke zusammen mit ein wenig von der Flüssigkeit glattrühren. Die Kirschen aufkochen, die Speisestärke unterrühren. Einmal aufkochen, dann kalt stellen.

Tip:
An warmen Sommertagen ist Obstsuppe sehr erfrischend. Deshalb können Sie die Suppe für mehrere Portionen zubereiten und einige Tage im Kühlschrank bereithalten.

Serviervorschlag:
Suppenmakronen dazugeben oder 1 Eßlöffel Crème fraîche in die Mitte geben.

Zwetschgenschober

(Pro Portion)
15o g Zwetschgen
Teig:
4o g feiner Zucker
4o g Butter
1 Eigelb
2o g Weizenmehl
2o g Speisestärke
1 Messerspitze Backpulver

Die gewaschenen Zwetschgen entsteinen. In einer feuerfesten Schale ausbreiten. Zucker und Butter schaumig rühren. Eigelb unterrühren. Nacheinander Mehl, Speisestärke und Backpulver untersieben. Den Teig einmal durchrühren. Dann über das rohe Obst verteilen.
Bei 18o °C im Backofen etwa 2o Minuten goldgelb backen.

Tip:
Dieses Rezept ist sehr gut für mehrere Portionen zu machen. Nehmen Sie für 2 Portionen 1 ganzes Ei. Bei größerer Menge verlängert sich die Backzeit.

Variation:
Auch Scheiben von reifen Birnen, Apfelscheiben, unentsteinte Sauerkirschen, kernlose Weintrauben oder Heidelbeeren eignen sich für diese Zubereitung.

Geschmorte Trauben

(Foto)
15o g kernlose Sultanatrauben (oder halbierte entkernte große Datteltrauben)
15 g Butter
Saft von 1/2 Zitrone
1-2 TL Zucker
eventuell:
1 Spritzer Grappa oder anderer Obstschnaps

Die gewaschenen Trauben zusammen mit Butter, Zitronensaft und Zucker in einer Pfanne unter rühren 3 Minuten schmoren. Eventuell mit Grappa abschmecken.

Serviervorschlag:
Heiß oder kalt zu Zitronensorbet servieren.

Variation:
Wenn Sie die Trauben ohne Zucker schmoren, passen sie gut als Beilage zu Wildsteak.

Nektarinen mit pürierten Himbeeren

1 Tasse Himbeeren
1/2 EL Puderzucker
1-2 reife Nektarinen
eventuell:
einige Minzeblättchen

Die Himbeeren - bis auf einige für die Dekoration - zusammen mit dem Zucker zerdrücken und durch ein Sieb streichen. Das Püree auf einen Teller gießen. Die Nektarinen entsteinen, dann in Scheiben schneiden. Blütenartig auf den pürierten Himbeeren anordnen, mit einigen ganzen Himbeeren verzieren. Eventuell mit Minzeblättchen dekorieren.

Serviervorschlag:
Für Gäste können Sie Marzipanblättchen dazu anfertigen: Rohmarzipan mit etwas grüner Lebensmittelfarbe verkneten. Ausrollen und Blättchen daraus ausstechen. Mit einem Messerrücken die Blattrippen einkerben.

Marzipan mit Lebensmittelfarbe einfärben, Blättchen formen, mit dem Messerrücken Blattadern einkerben.

Erdbeeren Romanoff (mit Orangenlikör)

Etwa 2oo g Erdbeeren
knapp 1 EL Zucker
1 EL Orangenlikör, z.B. Cointreau oder Grand Marnier
eventuell:
einige Pistazien zum Bestreuen
1 Minzeblättchen zur Dekoration

Von den gewaschenen Erdbeeren die Blättchen abzupfen. Große Beeren einmal längs durchschneiden. Abwechselnd mit Zucker in eine Schale geben. Dann mit Likör beträufeln. Eventuell mit Pistazien und Minze verzieren.

Heiße Himbeeren

2oo g Himbeeren
1 EL Zucker

Die verlesenen Himbeeren zusammen mit Zucker einmal aufkochen. Heiß zu Vanille-Eiscreme genießen.

Variation:
Dazu aus 1 Eßlöffel Weizenmehl, 5o ml Wasser und 1 Ei einen Crêpeteig anrühren. In heißer Butter nacheinander zwei dünne Pfannkuchen backen. Mit Puderzucker bestreuen und zu den heißen Himbeeren genießen.

„Ethnic Food" - die Speisen anderer Völker - gefallen uns immer besser. Der Blick in die Töpfe ausländischer Gastgeber hat unseren einheimischen Speisezettel belebt. Frankreich z.B., das Land einer klassischen großen Küche, beschert uns feine Saucen, Gratins und Soufflés, langsam in Wein geschmorte, aromatische Fleischgerichte, würzige Kräuter, dicke saure Sahne (Crème fraîche) oder Crème double und Käsevariationen ohne Ende. Desserts wie z.B. die Mousse au Chocolat erlangten Weltruhm.
Auch Italien ist ein gutes Beispiel für abwechslungsreiche Küche: mit Gemüse - insbesondere bei den appetitlichen Vorspeisen - Früchten, Salat, Fischen, dem feinsten Olivenöl, gutem Käse. Am bekanntesten bei uns sind Pizza und Pasta.
Aus Spanien kommen Paella, Tortilla, Ofengerichte mit Fisch und Muscheln, die erfrischende rohe Gazpacho. Aber auch das teuerste aller Gewürze, der Safran, gedeiht in Spanien. Sehen wir nach Griechenland: Bauernsalat mit Schafskäse, zartes Lammfleisch vom Spieß, Moussaka, Hühnersuppe mit Zitrone oder pikant gefüllte Weinblätter, wer kennt sie nicht? Und Asien? Dieses riesige Gebiet erschließt uns eine Welt feiner Gewürze. Für den Ruhm der indischen Curries haben maßgeblich die Engländer gesorgt. Auch tropisches Obst, fremdartige Gemüse und Meerestiere, duftender Reis (Basmati), in kunstvoller Weise bereitet und serviert - damit haben die Länder Asiens unsere deutsche Küche bereichert.

Quiche Lorraine

(Foto Seite 80/81)
für eine Springform, 22 cm Durchmesser
Mürbeteig:
125 g Weizenmehl
85 g kalte Butter
1 EL kaltes Wasser
1 Prise Salz
Belag:
50 g durchwachsener Speck
250 g Gemüsezwiebeln
etwas Salz, Pfeffer
2 EL trockener Weißwein
1 Eigelb
Guß:
2 ganze Eier
1 Eiweiß
200 ml Milch
200 ml Schlagsahne
Pfeffer

Die Teigzutaten mit kühlen Händen zwischen den Fingern "zerreiben". Danach zu einer Kugel kneten und mindestens 30 Minuten kalt stellen.
Inzwischen den Speck würfeln, die Zwiebeln schälen und in Ringe schneiden. In einem Topf mit kochendem Wasser die Zwiebeln einmal aufkochen, dann abgießen. Den Speck in einer Pfanne ausbraten, dann Zwiebeln, Salz, Pfeffer und den Wein zufügen. Alles bei geringer Hitze etwa 20 Minuten schmoren. Zwischendurch umwenden. Eine Springform mit dem ausgerollten Teig belegen. Aus den Teigresten eine dünne Rolle formen, daraus den Rand bilden. Mit einem Löffelstiel in gleichmäßigen Abständen nebeneinander einkerben. Mit ein wenig Eigelb bestreichen, damit er glänzt.
Die Zwiebeln auf dem Teig verteilen. Nun die ganzen Eier, zusammen mit dem Eiweiß und restlichen Eigelb in eine Schüssel geben. Milch, Sahne und Pfeffer zufügen, alles gut verquirlen, über die Zwiebeln gießen. Im Backofen bei 190 - 200 ° C etwa 45 Minuten backen (die Quiche soll von unten gebräunt und der Guß goldbraun aussehen).

Tip:
Was Sie nicht sofort essen, kann portionsweise eingefroren und später aufgebacken werden.
Sie können auch gleich für eine nächste Gelegenheit die doppelte Teigmenge kneten, und die Hälfte des rohen Mürbeteiges einfrieren.

Variationen:
Nehmen Sie rote Zwiebeln, fügen Sie statt des Weißweines 4 EL Tomatenmark zu. Dann garnieren Sie die Quiche mit schwarzen Oliven.
Sehr pikant: Quiche mit tafelfertigem Sauerkraut, roten angedünsteten Paprikawürfeln und Eier-Rahm-Guß bedecken. Mit scharfem Paprika würzen.

Poularde mit Estragon

(Foto - für 2 Portionen)
1 doppelte Poulardenbrust
Salz, Pfeffer
20 g Butter
4 abgezogene, gehackte Schalotten
200 ml Geflügelbrühe oder Brühe aus gekörnter Brühe
150 ml Crème fraîche
$^1/_2$ EL frisch gehackter frischer Estragon (oder getrockneter)
1 Weißweinglas Champagner, Sekt oder Chablis
30 g kalte Butter

Die Poulardenbrust würzen und zusammen mit Butter in einer Pfanne anbraten. Schalotten kurz mit andünsten. Dann die Brühe zugießen und alles zugedeckt 15 Minuten schmoren. Das Fleisch herausnehmen und warmstellen. Nun die Crème fraîche zugießen, die Sauce bei großer Hitze auf die Hälfte einkochen. Dann Estragon (getrockneten Estragon vorher mitkochen lassen) und Sekt oder Wein zufügen, nochmals um ein Viertel einkochen lassen. Nun die kalte Butter unterschlagen. Das Fleisch mit der Sauce überziehen. (Die halbe Portion einfrieren.)

Beilage:
Erbsen, Möhren oder andere feine Gemüse, z.B. Champignons.

Geschmorter Chicorée

(Foto)
2 feste weiße Stauden Chicorée
1 EL Pflanzenöl zum Braten
Salz, Pfeffer

Aus dem Chicorée mit einem spitzen Messer eventuell unten den bitteren Keil herausschneiden, die Stauden waschen und längs halbieren. In einer Pfanne das Öl erhitzen. Den gut trockengetupften Chicorée mit der Schnittfläche nach unten in die Pfanne legen. Den Deckel auf die Pfanne legen, Chicorée 12 Minuten schmoren, würzen und sofort genießen.

Beilage:
Gebratene Kartoffeln und eventuell ein Steak.

Getränktes Brot

1 großes Baguette-Brötchen
1 Knoblauchzehe
1-1½ EL Olivenöl
einige Spritzer Weinessig
1-2 Kopfsalatblätter
Gurkenscheiben
Tomatenscheiben
1 hartgekochtes Ei
Salz, Pfeffer

Das Brötchen halbieren, leicht aushöhlen. Auf beiden Schnittflächen mit zerdrücktem Knoblauch einreiben. Darüber Olivenöl und Essig verteilen. Dann mit Salat, Gurke, Tomate und Ei belegen. Salz und Pfeffer darübergeben. Eine Stunde durchziehen lassen.

Tip:
Dieses Rezept aus Südfrankreich (Pan-bagnat) wird eigentlich aus einem runden speziellen Brötchen bereitet. Gefüllt wird es mit „Salat Niçoise“ Seite 87.

Omelette mit feinen Kräutern

(Pro Portion)
½ Bund gemischte Kräuter, z. B. Kerbel, Estragon, Petersilie, Schnittlauch
2 Eier
Salz, Pfeffer
2 halbe Eischalen voll kaltes Wasser
20 g Butter

Die gewaschenen, trockengeschleuderten Kräuter sehr fein hacken. Nun die Eier, Salz, Pfeffer und das Wasser mit dem Schneebesen schlagen. Kräuter untermischen.
In einer Pfanne bei mittlerer Temperatur die Butter zerlaufen lassen. Die Eimasse auf einmal hineingeben. Ohne umzurühren braten, dabei mit einem Holzspatel die ungestockte Eimasse immer wieder auf den Pfannenboden laufen lassen, das Omelette aber nicht wenden. Wenn die Oberseite noch feucht, die Unterseite zartbraun ist, das Omelett auf einen Teller gleiten lassen, dabei zur Hälfte übereinanderschlagen.

Gefüllte Champignons

(Pro Portion)
5 große Champignons
20 g Butter
2 feingehackte Schalotten (milde französische Zwiebeln)
1 zerdrückte Knoblauchzehe
1 EL feingehackte Petersilie
1 EL Schnittlauchröllchen
Salz, Pfeffer, Muskatnuß
1 Eigelb
Semmelbrösel
5 Butterflöckchen

Von den trocken abgepinselten Champignons die Stiele herausbrechen. Die Pilzköpfe in heißer Butter beidseitig anbraten, dann in eine feuerfeste, flache Schale setzen. Die Stiele fein hacken. Im Bratfett bei milder Hitze zusammen mit Schalotten und Knoblauch so lange dünsten, bis die Flüssigkeit verdampft ist, zwischendurch umrühren. Die Pfanne von der Kochstelle nehmen, die Gewürzzutaten untermischen, Zur Bindung das Eigelb und soviele Semmelbrösel untermischen, daß eine feste Paste entsteht. Die Pilzköpfe damit füllen. Mit Semmelbröseln bestreuen, je eine Butterflocke darauf setzen. Die gefüllten Pilze im Backofen bei 200 °C etwa 20 Minuten goldbraun backen.

Variation:
In Südfrankreich gibt es die „Petits Farcis“, die kleinen Gefüllten: Auberginen, Zucchini, Tomaten und kleine runde Kürbisse werden mit der Pilzfarce (diesmal aus ganzen Champignons) gefüllt und mit etwas Olivenöl überbacken - fein für Gäste.

Salat Niçoise

(Foto - pro Portion)

1 Tomate
1 Stück Salatgurke
1 hartgekochtes Ei
1 kleine grüne Paprikaschote
1 junge Zwiebel
einige Anchovisfilets
2 EL grüne oder weiße gegarte Bohnenkerne
einige schwarze Oliven
Salz, Pfeffer
einige Blättchen Basilikum
1 1/2 EL französisches Olivenöl

Die gewaschene Tomate in Stücke schneiden (in Nizza wird sie vorher entkernt). Die geschälte Gurke in Scheiben, das Ei in Achtel schneiden. Die Paprikaschote und die Zwiebel in hauchdünne Ringe schneiden. Die Anchovis hübsch aufrollen. Die Bohnen und alle übrigen Zutaten auf einem großen Teller dekorativ anordnen (oder leicht vermischen). Mit Salz, Pfeffer und dem zerschnittenen Basilikum würzen. Das Öl darüberträufeln.

Tip:
Der echte Salade Niçoise wird ohne Essig bereitet. Wer mag, kann ihn trotzdem leicht säuern. Wenn die ersten großen Bohnen auf dem Markt sind, nimmt man die zarten rohen Kerne für den Salat. Sie werden vorher enthäutet.

Entenbrust mit Orangensauce

(Für 2 Portionen)

1 Entenbrust mit Haut (etwa 32o g)
Salz, Pfeffer
1 EL Pflanzenöl
1 Stück Zucker
abgeriebene Schale von 1/2 Orange (unbehandelt)
Saft von 1 Orange
1 TL bester Weinessig

Die Entenbrust abtupfen und würzen. Dann in einer Pfanne in heißem Öl mit der Hautseite nach unten scharf anbraten. Wenden und bei geringer Hitze etwa 1o Minuten zugedeckt weiterbraten. Fleisch warm stellen. Nun den Bratfond entfetten. Für die Sauce mit dem Würfelzucker die Schale der Orange abreiben. Den Orangensaft zum Bratfond gießen, Orangen-Zuckerstückchen zufügen und aufkochen. Alles leicht mit Essig abschmecken. Die Entenbrust schräg in Scheibchen schneiden (Hälfte der Portion einfrieren).

Tip:
Dieses klassische französische Rezept läßt sich für Gäste sehr gut mit einer ganzen Ente im Backofen (19o °C, etwa 12o Minuten) zubereiten. In diesem Fall kann man den Orangenzucker leicht karamelisieren (im trockenen Topf erhitzen, bis er zartbraun wird), dann in die Sauce geben.

Sauerampfer-Suppe mit pochiertem Ei

(pro Portion)

15o g mehlig kochende Kartoffeln
1 Handvoll frische Sauerampferblätter
2oo ml Fleisch- oder Gemüsebrühe
eventuell Salz, Pfeffer
4 EL Schlagsahne
Einlage:
1 Ei

Die gewaschenen Kartoffeln schälen und fein würfeln. Zusammen mit dem entstielten, gewaschenen Sauerampfer in der Brühe etwa 2o Minuten zugedeckt garen. Dann mit dem Pürierstab pürieren, durch ein Sieb streichen. Abschmecken, dann die Sahne unterrühren, nochmals erhitzen. Inzwischen 1/2 l Wasser zusammen mit 1/2 Eßlöffel Salz und 1 Eßlöffel Essig aufkochen. Das Ei in eine Tasse aufschlagen, dann sanft über den Tassenrand ins kochende Wasser gleiten lassen. Etwa 3-4 Minuten garen (pochieren). Herausnehmen und in die heiße Suppe geben.

Beilage:
Croûtons aus in Butter gebratenen Brotwürfeln.

Variation:
Statt Sauerampfer können Sie die Suppe genauso mit Spinat bereiten. Sehr gut schmeckt sie auch mit sommerlichen Kräutern z. B. mit Kresse oder Kerbel. In diesem Fall die feingehackten Kräuter erst nach dem Pürieren der Kartoffeln (Suppe nicht durchs Sieb geben) zufügen und unterrühren.

Pikante Paprikaschoten

(Für 2 Portionen)
4 rote Paprikaschoten
2 EL Olivenöl
1 abgezogene zerdrückte Knoblauchzehe
knapp 1 EL Weinessig
Salz

Die Paprikaschoten von allen Seiten grillen, bis die Haut fast schwarz aussieht. Dann 10 Minuten lang in eine Papiertüte geben, Tüte fest verschließen. Haut und Kerne entfernen. Gemüse in Streifen schneiden. Öl und Knoblauch erhitzen, die Gemüsestreifen darin 2 Minuten dünsten. Mit Essig und Salz abschmecken. Kalt servieren.

Gedünstete Artischocken

(Für 2 Portionen)
4 kleine blaue Artischocken
1 abgezogene Knoblauchzehe
frische Minzeblätter
Salz, Pfeffer
3 EL Olivenöl
125 ml (1/8 l) Wasser

Die Stiele der Artischocken putzen, holzige Blätter und Spitzen entfernen. Knoblauchzehe und Minzeblätter hacken, mit Salz und Pfeffer oben in die Artischocken geben. Olivenöl und Wasser aufkochen, die Artischocken aufrecht in den Topf stellen und zugedeckt bei mittlerer Temperatur etwa 55 Minuten garen. Aus der Flüssigkeit nehmen, die Flüssigkeit auf die Hälfte einkochen. Die Artischocken von oben vierteln, das Heu herausheben, die Viertel mit dem Sud beträufeln. Warm oder kalt genießen.

Marinierte weiße Bohnen

(Für 2 Portionen)
200 g getrocknete, große, weiße Bohnen
Salz
Pfeffer
2-3 EL Weinessig oder Zitronensaft
3 EL Olivenöl
2 abgezogene Knoblauchzehen
Basilikum

Die weißen Bohnen über Nacht in kaltem Wasser einweichen (eventuell gleich die doppelte Menge zubereiten. Die Hälfte zu Suppe verwenden oder einfrieren. Nach dem Einfrieren sind alle Hülsenfrüchte leichter verdaulich.) Das Einweichwasser abgießen. Dann in reichlich frischem Salzwasser die Bohnen etwa 70 Minuten zugedeckt garen. Zwischendurch prüfen, ob sie noch mit Wasser bedeckt sind. Dann die Bohnen mit Salz, Pfeffer und Säure abschmecken. Das Olivenöl sanft erhitzen, die zerdrückten Knoblauchzehen darin andünsten, beides über die Bohnen geben. Mit zerschnittenem Basilikum bestreuen und alles vermischen. Mindestens 1 Stunde durchziehen lassen.

Gebratene Champignons

(Für 2 Portionen)
125 g kleine Champignons
4 kleine Zwiebeln
2 EL Olivenöl
Salz, Pfeffer
einige gehackte Salbeiblättchen oder Salbeipulver
1 EL gehackte glatte Petersilie
1 EL Weinessig

Die Champignons trocken mit einem Pinsel oder mit Küchenkrepp säubern. Die Zwiebeln abziehen und achteln. Zuerst die unzerschnittenen mit Salz und Pfeffer gewürzten Pilze, dann die Zwiebeln im heißen Öl hellbraun braten. Die Kräuter darüberstreuen. Zusammen mit dem Essig kurz vermischen und etwa 1 Stunde durchziehen lassen.

Gebratene Zucchini

(Für 2 Portionen)
2-3 junge Zucchini
Salz, Thymian
Olivenöl zum Braten
1 zerdrückte Knoblauchzehe

Die gewaschenen Zucchini der Länge nach in nicht zu dicke Scheiben schneiden. Mit Küchenkrepp trockentupfen. Salz und Thymian darübergeben. Dann die Scheiben in einer Pfanne in heißem Öl auf beiden Seiten goldbraun braten. Knoblauch kurz mitbraten. Das Gemüse kalt servieren.

Tortellini in Sahnesauce

(Foto)
12o g Tortellini
1 Tomate
4-6 EL Schlagsahne
2-3 EL geriebener Parmesankäse
eventuell:
Oregano oder Basilikum

Die Tortellini nach Packungsanweisung in Salzwasser garen. Dann abgießen. Inzwischen die Tomate mit kochendem Wasser überbrühen, knapp 1 Minute stehenlassen. Dann die Haut abziehen, die Tomate entkernen und klein würfeln. Die Sahne in einem Topf erhitzen, Tomatenwürfel und etwa 2 Eßlöffel Parmesankäse (sowie eventuell die gehackten Kräuter) unterrühren. Kurz erhitzen, dann über die Tortellini gießen.

Tip:
Diese Tomaten-Sahne-Sauce paßt zu allen Nudelarten.

Gnocchi mit Salbeibutter

(Für 2 Portionen)
1/4 l (25o ml) Milch
1 Prise Salz
1oo g Hartweizengrieß
5o g Butter
1 Eigelb
4o g geriebener Parmesankäse
einige frische Salbeiblättchen

Milch und Salz in einem Topf aufkochen, den Grieß dann langsam einrieseln lassen. Nochmals aufkochen. Nun bei geringster Hitze den Grieß im bedeckten Topf etwa 2o Minuten ausquellen lassen. Dann 2o g Butter, das Eigelb und 2o g Käse unterkneten. Den Grieß auf eine Platte streichen und abkühlen lassen. Dann daraus runde Plätzchen (oder Rechtecke) ausstechen. Dachziegelartig in eine feuerfeste, gefettete Schale schichten. Die restliche Butter zusammen mit den Salbeiblättchen erhitzen, über die Gnocchi gießen. Im heißen Ofen bei 2oo °C 1o Minuten erhitzen. Den restlichen Käse darüberstreuen.

Variation:
Sie können auch mal gehackte Pinienkerne oder Walnüsse in den Gnocchiteig mischen. Auch gehackte Kräuter schmecken gut. In diesem Fall statt der Salbeibutter gedünstete Tomatenwürfel dazu bereiten.

Rosmarinkartoffeln

(Pro Portion)
25o g Kartoffeln
3 EL toskanisches Olivenöl
Salz
1 Zweig frischer Rosmarin (oder getrockneter)

Die Kartoffeln waschen, schälen und in Würfel schneiden. Das Olivenöl in einer Pfanne erhitzen, die Kartoffelwürfel und die Gewürzzutaten darübergeben. Einmal umwenden. Dann bei mittlerer Temperatur etwa 8 Minuten braten, erst dann wieder umwenden. Dann wieder ohne umzuwenden weiterbraten, bis eine braune Kruste entsteht (Garzeit etwa 2o Minuten).

Gebackenes Mozzarella-Brot

(Foto)

2 Scheiben Kastenweißbrot
Weizenmehl zum Bestäuben
1 Ei
2 EL Milch
Salz
4 Scheiben Mozzarellakäse
etwa 4 EL Olivenöl zum Braten

Das entrindete Brot beidseitig mit Mehl bestäuben, dann auf einen Teller legen. Ei, Milch und Salz verquirlen, über die Brotscheiben gießen. 10 Minuten durchziehen lassen. Dann den Mozzarellakäse zwischen die Brotscheiben geben, Scheiben fest aufeinanderdrücken. Das Brot in heißem Öl in einer Pfanne bei mittlerer Hitze von beiden Seiten goldbraun braten. Dazu frische Tomaten mit Basilikum anrichten.

Variation:
Sie können das Käsebrot mit Oregano oder anderen Kräutern würzen und braten.

Florentiner Leber

(Pro Portion)

1 Scheibe Kalbsleber
etwas Weizenmehl
2 EL Olivenöl
1 Knoblauchzehe
Salz, Pfeffer
einige frische Salbeiblätter

Die Leber in Streifen schneiden, dann mit Mehl bestäuben. Das Öl zusammen mit der abgezogenen, ganzen Knoblauchzehe erhitzen. Sobald der Knoblauch Farbe annimmt, die abgeklopften Leberstreifen zufügen, salzen und pfeffern und unter Umwenden etwa 4 Minuten braten. Die Salbeiblätter kurz mitbraten.

Spargel mit Parmesankäse

(Pro Portion)

250 g Spargel
30 g Butter
2 EL frisch geriebener Parmesankäse
Salz, Pfeffer
1-2 Eier

Den Spargel schälen, die holzigen Enden abschneiden. In wenig Salzwasser etwa 17 Minuten garen. Die Butter in einer Pfanne zerlaufen lassen. Den abgetropften Spargel und den Käse zufügen. Alles unter Umwenden einige Minuten braten. Mit Salz und Pfeffer würzen. Dann auf einen heißen Teller geben. Im Bratfett nun die Eier braten, dann auf den Spargel legen.

Geröstetes Knoblauchbrot

(Pro Portion)

1-2 Scheiben italienisches Brot
1 Knoblauchzehe
italienisches Olivenöl
(zum Beispiel aus der Toskana)
Salz, Pfeffer

Das Brot hellbraun toasten. Dann eine geschälte Knoblauchzehe halbieren, mit der Schnittfläche über die geröstete Brotscheibe reiben. Dann mit reichlich Olivenöl beträufeln, leicht salzen und pfeffern. Zu frischem Salat reichen.

Überbackene Muscheln

(Foto - pro Portion)
8-10 Miesmuscheln
100 ml Fleisch- oder Gemüsebrühe
1 Zwiebel
2 EL Semmelbrösel
Salz, Pfeffer
1 EL gehackte Petersilie
1 abgezogene, zerdrückte Knoblauchzehe
Olivenöl

Die sauber gebürsteten, geschlossenen (!) Muscheln zusammen mit Brühe und der abgezogenen, in Ringe geschnittenen Zwiebel im geschlossenen Topf bei großer Hitzezufuhr 5 Minuten kochen. Dann abgießen. Die oberen leeren Schalenhälften der Muscheln entfernen. Die unteren Muschelhälften in einer feuerfesten Schale nebeneinanderlegen. Die Semmelbrösel und die Gewürzzutaten vermischen. Über die Muscheln verteilen. Dann mit Olivenöl begießen. Im vorgeheizten Ofen bei 200 °C 10 Minuten überbacken. Dazu Knoblauchmayonnaise (1 abgezogene, zerdrückte Zehe auf etwa 3 Eßlöffel Mayonnaise) servieren.

Fleischbällchen in roter Sauce

(Für 2 Portionen)
Sauce:
1 Zwiebel
1 EL Olivenöl
4 EL Tomatenmark
etwa 200 ml Fleischbrühe (Instant)
Pfeffer
3 EL trockener Sherry (Fino)
Außerdem:
1 Scheibe altbackenes Weißbrot
1 EL Zitronensaft
1 EL Wasser
40 g roher Schinken
6 grüne entsteinte Oliven
abgeriebene Schale von $^1/_2$ Zitrone (unbehandelt)
Salz, Cayennepfeffer
250 g Gehacktes (Schwein und Kalb)
etwas Weizenmehl
Pflanzenöl zum Braten

Die Zwiebel abziehen und fein hacken, dann in Öl hell anbraten. Tomatenmark und Brühe einrühren, mit Pfeffer und Sherry abschmecken. Zugedeckt 10 Minuten leicht kochen. Das entrindete Brot mit Zitronensaft und Wasser beträufeln. Den Schinken so fein wie möglich hacken. Ebenso die Oliven. Beides zusammen mit dem Brot und den übrigen Gewürzzutaten zum Fleisch geben, dann verkneten. Kleine Bällchen daraus formen. Etwas Mehl und die Bällchen in eine Gefriertüte geben. Die Tüte hin und her wenden, um die Bällchen rundherum mit Mehl zu bestäuben.

Etwa $^1/_8$ l Öl in einer tiefen Pfanne erhitzen. Die Fleischbällchen portionsweise darin rundherum goldbraun braten. Auf Küchenpapier entfetten, dann in eine vorgewärmte flache Schale füllen. Die kochende Sauce darüber verteilen. (Die Hälfte des Gerichtes abgekühlt für den Vorrat verpacken.)

Orangensalat mit Zwiebeln

(Pro Portion)
1 rote Zwiebel
1 Orange
einige Blätter Salat (je nach Angebot)
Salz, Pfeffer
1 EL Rotweinessig
1 EL Olivenöl
6-8 schwarze Oliven

Die Zwiebel abziehen und in möglichst feine Scheiben schneiden. 5 Minuten in kaltes Wasser legen, dann abgießen und auf ein Küchenpapier legen. Die Orange schälen, ebenfalls in Scheiben schneiden. Die Kerne und die hautreiche Mitte entfernen. Einen Teller mit den gewaschenen, trockengetupften Salatblättern belegen. Dann kreisförmig die Orangen und Zwiebelringe darauf anordnen. Salz und Pfeffer darüberstreuen. Essig und Öl mit einer Gabel verrühren. Über den Salat gießen. Mit Oliven verzieren.

Katalanischer Salat

(Foto - für 2 Portionen)
1 hartgekochtes Ei
1-2 Sardinen in Öl
1-2 gekochte Garnelen
2 dünne Scheiben Schinken
1 Tomate
4-6 Oliven
4 Artischockenherzen (aus dem Glas)
einige Salatblätter
1 Zwiebel
1 TL eingelegte Kapern
Weinessig, Olivenöl
Salz, Pfeffer

Das gepellte, geviertelte Ei, die entgräteten, eventuell halbierten Sardinen und geschälten Garnelen auf einen großen Teller legen. Daneben die übrigen Zutaten anordnen: die halbierten aufgerollten Schinkenscheiben, die gewaschene, geachtelte Tomate, Oliven, die geviertelten Artischockenherzen, die gewaschenen, trockengetupften Salatblätter und die abgezogene, in Ringe geschnittene Zwiebel. Darüber die Kapern verteilen. Alles mit Essig beträufeln und mit Öl begießen. Dann salzen und pfeffern.

Tip:
Dieser üppige Salat läßt sich am besten für viele Personen zubereiten. Wollen Sie ihn nur für sich allein machen, dann sollten Sie ihn nur aus Tomate, Salatblättern, Ei, Schinken, Kapern, Zwiebel und eventuell etwas Dosen-Thunfisch in Öl bereiten.

Empanadas mit Thunfisch

(Pro Portion)
2 Scheiben tiefgefrorener Blätterteig
1 Zwiebel
1 TL Pflanzenöl
1 EL gehackte glatte Petersilie
2 EL abgetropfter Thunfisch aus der Dose
½ Eigelb zum Bestreichen

Den Blätterteig auftauen lassen. Inzwischen die Zwiebel abziehen und hacken. Dann in heißem Öl in einer kleinen Pfanne hellgelb dünsten. Etwas abkühlen lassen. Dann die Petersilie und den zerpflückten Thunfisch untermischen. Die Blätterteigscheiben zur Hälfte mit der Füllung belegen. Am Rand mit Eigelb bestreichen, dann übereinanderlegen. Die Teigränder fest aufeinanderdrücken. Nun mehrfach mit einer Gabel in die Empanadas stechen, damit beim Backen der Dampf abziehen kann. Die Empanadas auch außen mit Eigelb bestreichen und im Ofen bei 180-200 °C in 15-20 Minuten goldgelb backen.

Variation:
Empanadas (in Spanien nimmt man dazu einen Knetteig mit Hefe) können Sie auch sehr gut mit einem Rest Ragout füllen.

Gefüllte Tomaten

(Pro Portion)
2 große Tomaten
Salz, Pfeffer
einige Mandeln
1 Scheibe roher Schinken
1 TL Olivenöl
200 g frischer Spinat (oder ½ Paket à 300 g tiefgefrorener Spinat)
abgeriebene Schale von ½ Orange (unbehandelt)

Die gewaschenen Tomaten mit einem Eßlöffel aushöhlen, salzen und pfeffern. Die Mandeln in einer Pfanne rösten, dann grob hacken. In derselben Pfanne den gewürfelten Schinken in Öl anbraten. Dann den gewaschenen, gut abgetropften Spinat dazugeben. Bei starker Hitze unter Umwenden in der Pfanne zusammenfallen lassen. Dann etwas ausdrücken und grob hacken. Zurück in die Pfanne geben und mit Salz und Orangenschale würzen. Spinat in die Tomaten füllen. Die gehackten Mandeln darübergeben.
Die Tomaten (und daneben die vorher abgeschnittenen Tomatendeckel) in wenig Öl in der Pfanne 12 Minuten schmoren, dabei den Pfannendeckel auflegen. Tomaten wieder zusammensetzen und warm genießen.

Tip:
Bei mehreren Portionen empfiehlt sich das Backen im Ofen (200 °C, 20 Minuten). Dann die abgeschnittenen Tomatendeckel gleich mit auflegen und backen.

Fischsuppe

(Foto - pro Portion)
1 Tomate
1 kleine Zwiebel
1 TL Olivenöl
1 abgezogene, zerdrückte Knoblauchzehe
2oo ml Fleisch- oder Gemüsebrühe (eventuell Fischfond)
1/4 TL Zucker
einige Safranfäden
15o g frisches Fischfilet nach Wahl
6-8 frische geschlossene Miesmuscheln oder Venusmuscheln
2 Zweige glatte Petersilie
eventuell:
1 EL Anislikör oder Pernod

Die Tomate mit kochendem Wasser überbrühen, knapp 1 Minute stehenlassen. Dann abziehen, vierteln und entkernen. Anschließend fein würfeln. Die abgezogene Zwiebel würfeln, in heißem Öl andünsten. Die Knoblauchzehe mitdünsten. Nun die Brühe zugießen, Tomatenwürfel und den in Zucker kleingemörserten Safran einlegen und alles aufkochen. Das gewürfelte Fischfilet und die unter fließendem Wasser saubergebürsteten Muscheln in einen Topf legen. Dann die kochende Brühe darübergießen, den Fisch 5 Minuten bei geringer Hitze ziehen lassen. Die Suppe eventuell mit etwas Anislikör oder Pernod abschmecken. Mit gehackter Petersilie bestreuen und sofort servieren.

Safranreis

(Pro Portion)
1oo g (etwa 3/4 Tasse) spanischer Rundkornreis oder italienischer Vialone
gut 1 1/2 Tassen kräftige Fleischbrühe
eventuell Salz
1/4 TL Zucker
einige Safranfäden

Den Reis in einem Sieb unter fließendem Wasser abspülen, gut abtropfen lassen. Die Brühe zusammen mit dem in Zucker zu Pulver gemörserten Safran aufkochen, den Reis zufügen. 2o Minuten bei geringer Hitze ausquellen lassen. Dazu Fisch servieren.

Tip:
Bereiten Sie am besten gleich die doppelte Menge vor, der Reis läßt sich gut am nächsten Tag verwenden.

Spanische Reispfanne

(Pro Portion)
15o g Hühnerbrustfilet, Putenbrust oder Kaninchenfleisch
1 EL Olivenöl
Salz, Pfeffer
4 EL Fleischbrühe
2 EL tiefgefrorene Erbsen
1 EL Olivenöl
1 Tasse gegarter Safranreis (Rest)
4-6 rohe Muscheln
eventuell:
2-4 rohe Garnelen (Gambas)

Das gewürfelte Fleisch in Öl rundherum braun braten, salzen und pfeffern. Dann zusammen mit Brühe 1o Minuten zugedeckt schmoren. Die Erbsen 5 Minuten mitgaren.
Öl und Reis in eine Pfanne (span. Paella) geben. Das Hühnerfleisch untermischen. Dann die unter fließendem Wasser saubergebürsteten Muscheln und gereinigten Garnelen darauf legen. Alles mit einem nassen Pergamentpapier bedecken. Den Deckel auf die Pfanne legen. Bei geringer Hitze 2o Minuten auf der Kochstelle langsam erhitzen.

Tip:
So reinigen Sie rohe Garnelen: Ungeschält mit einem scharfen Messer längs durchschneiden, den Darm herauskratzen. Garnelen abspülen.

Moussaka

(Foto)
1 große Aubergine
Salz
1 kleine Zwiebel
15o g Rinderhackfleisch
Öl zum Braten
1 Tomate
Pfeffer
1/4 TL Oregano
1 Prise Zucker
1 Messerspitze Zimt
5 EL trockener Weißwein
1 EL gehackte glatte Petersilie
1 Paket helle Sauce
etwas abgeriebene Muskatnuß
2-3 EL geriebener
griechischer Hartkäse (Kefalotyri)
oder Parmesankäse
1 Eigelb
1 Eiweiß
Öl und Semmelbrösel
für die Form

Die gewaschene, entstielte Aubergine der Länge nach in Scheiben schneiden, dann leicht salzen und 2o Minuten stehenlassen. Die abgezogene Zwiebel fein hacken. Zusammen mit dem Hackfleisch in heißem Öl braten. Die gewaschene, dann gewürfelte Tomate und die Gewürzzutaten zufügen. Dann den Wein zugießen. Alles 1o Minuten zugedeckt schmoren. Mit Petersilie bestreuen. Die Auberginen abtupfen. Möglichst in einer beschichteten Pfanne die Scheiben in heißem Öl von beiden Seiten goldgelb braten. Auf Küchenpapier legen, und das überschüssige Fett etwas herausdrücken.

Die Sauce nach Packungsanweisung zubereiten. (Die Hälfte der Sauce für den nächsten Tag abgekühlt, zugedeckt kühlstellen.) Den Käse und das Eigelb unter die Sauce rühren. Das Eiweiß steif schlagen, unter die Sauce heben. Das Hackfleisch und die Auberginenscheiben abwechselnd in eine gefettete, gut mit Semmelbröseln ausgestreute Form schichten. Die Sauce darüber verteilen. Moussaka im Ofen bei 2oo °C etwa 2o Minuten backen.

Tip:
Dieser Auflauf eignet sich besonders für mehrere Personen und ist fein für Gäste. Wollen Sie nur eine Portion zubereiten, so sollten Sie aber die doppelte Menge Auberginen - wie in diesem Rezept angegeben - braten, denn sie halten sich im Kühlschrank 2-3 Tage. Mit Tzatziki (Rezept rechts) oder Vinaigrette und Kräutern kann man sie gut kalt essen.
Kleingewürfelt wird die gegarte Aubergine in Griechenland mit Zwiebel, Knoblauch, Zitronensaft, Salz, Pfeffer, Petersilie und Olivenöl als kalte Vorspeise gegessen.

Tzatziki

(Joghurt mit Gurke und Knoblauch)
1 Knoblauchzehe
Salz
25o ml (1/4 l) säuerlicher
Joghurt (Bulgaria)
1/4 Salatgurke
1 TL Weinessig
2 TL OLivenöl

Den geschälten Knoblauch zusammen mit Salz zerdrücken. Unter den Joghurt rühren. Die Gurke schälen, eventuell mit einem Teelöffel entkernen. Dann fein würfeln und unterrühren. Mit Essig und Olivenöl abschmecken.

Beilage:
Tzatziki zu gebratenem Hackfleisch oder Gemüsegerichten servieren. Warmes Fladenbrot schmeckt gut dazu. Sie können Tzatziki auch zu Kartoffelgerichten reichen.

Griechischer Salat

(Foto - pro Portion)

1 Tomate
$^1/_4$ Gurke
1 Lauchzwiebel
1 kleine grüne Paprikaschote
40 g Schafkäse
4-6 schwarze Oliven
1 TL Kapern
Salz, Pfeffer
knapp 1 EL Weinessig
2 EL Olivenöl
etwas frischer oder getrockneter Oregano

Salatgemüse waschen, dann würfeln. Auch den Käse würfeln. Alles auf einem Teller anrichten, Oliven und Kapern darüber verteilen. Dann mit Salz, Pfeffer, Essig und Olivenöl würzen, mit Oregano bestreut servieren.

Beilage:
Fladenbrot

Variation:
Diesen griechischen ländlichen Salat können Sie für mehrere Portionen noch durch Blattsalat, hartgekochte Eier, rote Zwiebeln, gehackte Petersilie, Minze und Zitronenmelisse erweitern. Auch pikant eingelegte grüne Pfefferschoten kann man darauf legen.

Hühnerbrühe

(Für 4-6 Portionen)

1 küchenfertig ausgenommenes Suppenhuhn
Salz
kaltes Wasser
1 Bund Suppengemüse
1 Zwiebel
Pfeffer

Das Huhn entfetten. Dann innen und außen salzen. In einem großen Topf mit Wasser knapp bedecken, zum Kochen bringen. Dann die Temperatur herunterschalten, und das Huhn im geschlossenen Topf 1 Stunde schwach garziehen lassen. Inzwischen das Suppengemüse putzen: Möhre schaben, waschen und würfeln. Knollensellerie schälen, waschen und würfeln. Porree der Länge nach einschneiden, waschen und in Ringe schneiden. Die geschälte Zwiebel vierteln. Alles in die Suppe geben, $^1/_2$ Stunde weitergaren. Das Huhn häuten und entbeinen.

Tip:
Hühnerbrühe und Hühnerfleisch sind ideal für den Vorrat. Deshalb: Einen Teil des Fleisches abgekühlt für andere Zwecke (Salat, Frikassée mit heller Sauce oder Gratin usw.) kalt stellen. Den Rest Fleisch für die Suppe mundgerecht kleinschneiden. Etwa $^1/_2$ Liter Suppe für die griechische Zitronensuppe verwenden. Die restliche Suppe portioniert einfrieren.

Griechische Hühnersuppe

(Für 1-2 Portionen)

$^1/_2$ l Hühnersuppe
knapp $^1/_2$ Tasse Langkornreis
1 Ei
1-2 EL Zitronensaft
einige Blättchen Zitronenmelisse

Die Suppe erhitzen, durch ein Sieb gießen (das durchgesiebte Gemüse und Fleisch beiseitestellen), dann aufkochen. Den gewaschenen Reis in die Brühe geben, bei geringer Hitze etwa 20 Minuten ausquellen lassen. Nun Suppengemüse und Fleisch wieder zufügen, die Suppe aufkochen. Den Topf von der Kochstelle nehmen. Dann das Ei leicht verquirlen und durch ein Sieb in die Suppe laufen lassen, dabei die Suppe mit dem Schneebesen schlagen. Mit Zitronensaft abschmecken, mit in Streifen geschnittener Zitronenmelisse verzieren.

Ananascurry mit Garnelen

(Foto)

Etwa 12o g frische Ananas
1 Tasse Kokosmilch (Dose)
1 TL rote Currypaste
Salz
$^1/_2$ TL Zucker
6 aus der Schale gelöste gegarte Garnelen

Die Ananas einmal quer durchschneiden. Mit der Schnittfläche auf ein Schneidebrett legen. Dann mit einem großen Messer von oben die Schale senkrecht nach unten hin abschneiden. Nun die halbe Frucht nochmal längs durchschneiden, die holzige Mitte aus dem Fruchtfleisch lösen. Jetzt die Frucht würfeln (die ungeschälte Hälfte in Folie verpackt kalt stellen). Etwa 12o g für den Curry abnehmen (den Rest einzuckern für später). Ananaswürfel, Kokosmilch, Currypaste, Salz und Zucker aufkochen. Dann die Garnelen zufügen und in dem Curry erhitzen. Alles abschmecken.

Beilage:
Langkornreis.

Thailändischer Fleischsalat

$^1/_2$ EL feingehackte Ingwerwurzel
2 Schalotten
125 g Rinderhackfleisch
1-2 EL Zitronen- oder Limettensaft
1 EL Soja- oder Fischsauce (Asiengeschäft)
1 TL Öl
1 Lauchzwiebel
1 rote Chilischote
glatte Petersilie
frische Minze, Zitronenmelisse oder Zitronengras (Asiengeschäft)
eventuell: Korianderblättchen

Von der Ingwerwurzel ein kleines Stück abschneiden und schälen. Dann sehr fein würfeln. Die geschälten Schalotten in Ringe schneiden. Das Fleisch zusammen mit Zitronensaft, Schalottenringen, Ingwer und Würzsauce verrühren. In einer Pfanne das Öl erhitzen, das Fleisch unter Umrühren darin einige Minuten braten. Dann die Pfanne von der Kochstelle nehmen, abkühlen lassen. Nun die kleingeschnittenen restlichen Zutaten zufügen. Abschmecken und servieren.

Beilage:
Mundgerecht geschnittenes, rohes Gemüse, zum Beispiel Kopfsalatblätter, Tomatenachtel, Gurkenscheiben, Streifen von jungem Kohl oder Chinakohl.

Tip:
Servieren Sie eine Vinaigrette (Rezept S. 1o/11) mit feingehackten Kräutern dazu.

Variation:
Man kann gegarten Reis mit unter den Salat geben.

Buntes Gemüse mit Tofu

$^1/_2$ Paket Tofu
1-2 EL Sojasauce
1 Lauchzwiebel
25o-3oo g buntes Gemüse: z.B. Brokkoli, Möhre, Zuckererbsen, Blumenkohl, Bambussprossen (Dose)
1 EL Sesamsaat
Pflanzenöl zum Braten
1 zerdrückte Knoblauchzehe
Salz
Pfeffer

Den Tofu in dicke Scheiben schneiden. Mit Sojasauce beträufelt 3o Minuten stehenlassen. Inzwischen das Gemüse putzen: Von der Lauchzwiebel die Wurzel und das dunkle Grün abschneiden, Brokkoli in Sträußchen zerschneiden, die Möhre schaben, von den Zuckererbsen die Spitzen abschneiden, und dabei die Fäden von der Schote abziehen. Blumenkohl wie Brokkoli zerteilen. Alles waschen. Lauch und Möhre mundgerecht zerschneiden. Bambussprossen abtropfen lassen. Nun den Tofu abtupfen, mit Sesamsaat bestreuen. Öl in einer Pfanne erhitzen, den Tofu darin von beiden Seiten braten. Beiseite stellen. Dann in derselben Pfanne das Gemüse mit Knoblauch, Salz und Pfeffer unter dauerndem Umrühren etwa 17 Minuten braten. Den Tofu zufügen, alles noch 3 Minuten zusammen erhitzen (das Gemüse soll Biß behalten).

Hühnerbrust mit Erdnußsauce

(Foto)
Sauce:
$^1/_2$ Tasse geröstete Erdnüsse
1 TL Rote Currypaste (Asiengeschäft)
1 Prise Zucker
1 Tasse Kokosmilch (Dose)
Außerdem:
200 g Hühnerbrustfilet
$^1/_2$ TL süßer Senf
$^1/_4$ TL Ingwerpulver
Salz, Pfeffer
Butterschmalz zum Braten
etwas Zitronensaft

Die Erdnüsse mahlen (elektrischer Feinhacker) oder sehr fein hacken. Zusammen mit Currypaste, Zucker und Kokosmilch in einem Topf aufkochen. Die gewaschenen, trockengetupften Hühnerbrustfilets in 2 cm breite Streifen schneiden. Mit Senf bestreichen, dann mit Ingwer, Salz und Pfeffer würzen. Die Fleischstreifen doppelt legen und auf Spieße stecken. Dann in einer Pfanne in heißem Butterschmalz rundherum goldbraun braten. Mit Zitronensaft beträufeln. Die Erdnußsauce dazu reichen.
Beilage:
Basmatireis oder anderer Langkornreis.

Fleisch mit Cashewkernen

150 g Hühnerbrustfilet oder Schweinefilet
1 EL Pflanzenöl
1 zerdrückte Knoblauchzehe
Salz, Pfeffer
2 EL Austern- oder Fischsauce (Asiengeschäft - ersatzweise Instant Brühe und Sojasauce)
1 Prise Zucker
1 Lauchzwiebel
einige geröstete Cashewkerne
etwa 1 TL Essig

Das Fleisch in Streifen schneiden. In einer Pfanne das Öl erhitzen, das Fleisch darin anbraten. Den Knoblauch und die Gewürzzutaten zufügen. Von der Lauchzwiebel Wurzeln und das dunkelgrüne Laub entfernen, dann die Zwiebel in Ringe schneiden. Zum Fleisch geben und 10 Minuten mitgaren. Die Cashewkerne unterrühren, alles sanft mit Essig abschmecken.
Variation:
Das Gericht kann durch Gemüsezugaben abgewandelt werden: Paprikaschoten, Bambusschößlinge, Sojabohnenkeime oder Mungbohnenkeime passen gut dazu.

Goldgelber Reis

$^1/_2$ Tasse Langkornreis
gut 1 Tasse Kokosmilch (Dose)
Salz
$^1/_2$ TL Kurkumapulver
Kokosraspeln zum Bestreuen
eventuell:
Koriandergrün zum Dekorieren

Den gewaschenen Reis zusammen mit Kokosmilch, Salz und Kurkuma aufkochen. Im geschlossenen Topf auf geringer Hitze ohne umzurühren etwa 20 Minuten garen (Basmatireis ist bereits nach etwa 12 Minuten gar). Den Reis mit Kokosraspeln bestreut servieren, Korianderblättchen dazulegen.
Beilage:
Omelette. Dafür 1 Ei und etwas Salz verquirlen. In heißer Butter in einer Pfanne ein Omelette braten. Das Omelette aufrollen und in Streifen schneiden.

Knusprige Nudeln

(Pro Portion)
Öl zum Fritieren
50 g Reismehl-Fadennudeln

Das Öl in einer tiefen Pfanne erhitzen. Dann die Nudeln hineingeben und goldgelb fritieren.
Beilage:
Hühnerfleisch mit Cashewkernen.

Auch wer gerne kocht, findet manchmal nicht genügend Zeit dafür. Da heißt es, trotzdem in wenigen Minuten etwas Leckeres zurechtzumachen.
Wie schafft man das am besten? Wer gut vorgesorgt hat, braucht nur in seinen Vorrat zu greifen: Gegarter Reis, Kartoffeln vom Vortag, ein Rest Nudeln - daraus lassen sich zusammen mit frischem oder tiefgefrorenem Gemüse, Meeresfrüchten, Kräutern, Eiern usw. schnell leckere Pfannengerichte zaubern. Auch bei der Beschaffung des Lebensmittel-Vorrates sollte man zukünftigen Zeitmangel einkalkulieren: Hülsenfrüchte in der Dose, Tomatenmark, geriebener Käse, haltbare Milch und Sahne, kochfertige Suppen, Saucen, Fertiggerichte oder Teilfertigkost etc. sind in der Schnellküche unentbehrlich. Immer bessere Convenience-Produkte (Fertigkost) gibt es inzwischen in großer Vielfalt. Kaufen Sie an haltbarer Ware größere Mengen ein, als Sie im Moment benötigen (siehe auch Kapitel „Single-Haushalt ganz perfekt“, was gehört in den Lebensmittel-Vorrat).
Wer ein Gefriergerät besitzt, kann zeit- und geldsparend wirtschaften. Einige Rezepte in unserem Buch haben wir sowieso für mehrere Portionen bemessen, weil sie sich in größerer Menge besser zubereiten lassen. Was nicht gebraucht wird, kann auf Eis gelegt werden.

Tips

Das Prinzip „einmal kochen, zweimal essen" können Sie aber möglichst oft anwenden. Verpacken Sie gleich einen Teil der Mahlzeit portionsgerecht für die Tiefkühltruhe. Das gilt auch für den Einkauf: Brot, Käse, Wurst, Fisch etc. so portioniert einfrieren, wie Sie es später brauchen. Die ideale Ergänzung zum Tiefgefriergerät ist ein Mikrowellengerät: Aus dem Eis in die Mikrowelle - und in wenigen Minuten ist die Mahlzeit heiß auf dem Tisch.
Praktische Schnellkochtöpfe gibt es längst auch für den Kleinhaushalt: Unter hohem Druck sind Kartoffeln oder Fleisch in wenigen Minuten gar. Auch Tiefgefrierkost läßt sich darin zeitsparend aufwärmen.

Kochen Sie Reis, Nudeln oder Kartoffeln immer für mindestens zwei Portionen. Nach dem Garen abkühlen lassen. Dann zugedeckt in den Kühlschrank stellen. Reis und Nudeln kann man gut einfrieren.

Hülsenfrüchte für mehrere Gerichte vorsehen: für Eintopf, Suppe oder kalt als Salat. Restliche weiße Bohnen z.B. gleich mit Essig, Knoblauch und Oregano würzen, dann zugedeckt kalt stellen. Am nächsten Tag - eventuell zusammen mit Rohkost - als Salat verwenden.

Bunte Kartoffelpfanne

(Foto Seite 108/109)

1 kleine grüne Paprikaschote
3 gegarte, gepellte Kartoffeln
1 Zwiebel
1 EL Pflanzenöl
Salz
1 luftgetrocknete kleine Wurst, z.B. Rauchenden oder Salami
1 kleine saure Gurke
1/2 TL Paprikapulver edelsüß
1 EL gehackte Petersilie

Die Paprikaschote halbieren, entkernen, waschen und in Würfel schneiden. Kartoffeln und die abgezogene Zwiebel ebenfalls würfeln. Das Öl in einer Pfanne erhitzen, Kartoffeln, Paprika und Zwiebeln darin braten. Schwach salzen. Inzwischen die Wurst und die Gurke in Scheiben schneiden. Beides in der Pfanne 5 Minuten mitbraten. Vor dem Servieren mit Paprikapulver und Petersilie bestreuen.

Tip:

Aus Gemüseresten oder gekochten Kartoffeln lassen sich zusammen mit Instantbrühe leckere Suppen pürieren. Ein Schuß Sahne oder Wein verfeinert die Suppe. Auch Blätterteigtaschen mit Füllung aus übriggebliebenem Gemüse oder Fleisch schmecken gut (siehe Seite 115).

Hummerkrabben mit leichter Sauce

(Foto)

50 g leichte Mayonnaise, z.B. Thomy extra-leicht
1 EL feingehackte Petersilie
1 Zweig gehackter Dill
1-2 TL Zitronensaft
Cayennepfeffer
frisch gemahlener schwarzer Pfeffer
6-8 rohe Hummerkrabben oder andere Garnelen
1 Scheibe Zitrone
eventuell:
Dill zum Dekorieren

Mayonnaise, Petersilie, Dill, Zitronensaft und Pfeffer verrühren. Die Hummerkrabben längs einschneiden, den Darm entfernen. Dann die Hummerkrabben waschen und in kochendes Salzwasser geben, 3-5 Minuten kochen. Die Sauce und ein Stück Zitrone dazu servieren. Eventuell mit Dill garnieren.

Variation:

Die Hummerkrabben in heißem Öl zusammen mit 1 zerdrückten Knoblauchzehe 5 Minuten unter Umrühren braten.

Beilage:

Dazu schmeckt Toast gut.

Holländische Muschelsuppe

(Foto)
1 Schalotte
1 kleine Kartoffel
1 Päckchen tiefgefrorenes Suppengemüse (5o g)
125 ml (1/8 l) Wasser
4 EL trockener Weißwein
Salz, Pfeffer
6-8 frische,geschlossene (!) Miesmuscheln (oder Muscheln naturel aus dem Glas)
1 EL gehackte Petersilie
eventuell:
2 EL Schlagsahne

Die Schalotte abziehen und fein hacken. Die Kartoffel waschen, schälen und würfeln. Beides zusammen mit Suppengemüse, Wasser, Wein, Salz und Pfeffer aufkochen. Im geschlossenen Topf bei geringer Temperatur 15 Minuten garen. Inzwischen die Muscheln unter fließendem Wasser sauberbürsten. In die Suppe geben. Die Hitzezufuhr erhöhen, die Muscheln 5 Minuten in der Suppe garen. (Muscheln aus dem Glas nur erhitzen.) Alles abschmecken. Mit Petersilie bestreuen und eventuell mit Sahne verfeinern.

Fischfilet auf Rahmspinat

1 Paket (3oo g) servierfertiger Rahmspinat
2oo g Fischfilet, z.B. Lachs, Lengfisch, Rotbarsch
Salz, Pfeffer
einige Spritzer Zitronensaft

Den Spinat ausgepackt antauen lassen, dann die benötigte Portion abschneiden (Rest entweder sofort unerhitzt im verschließbaren Gefäß bis zum nächsten Tag kalt stellen oder im Gefrierbeutel für baldigen Verbrauch einfrieren). Spinat in den Topf geben. Das gesäuberte Fischfilet würzen und auf den Spinat legen. Alles bei sehr geringer Hitze etwa 35 Minuten sanft tauen und garen, ohne umzurühren. Fischfilet auf den Teller legen, Spinat durchrühren und dazufüllen.

Tip

Fleisch oder Fisch können Sie möglichst in größerer Menge garen. Reste werden in einem verschließbaren Behälter kalt gestellt und am nächsten Tag in Salat, Auflauf oder Pfannengerichten verwendet. Eventuell gleich etwas Salz, Pfeffer und Gewürze zufügen.

Beefsteak mit Champignons

4 große Champignons
12o g Filetsteak vom Rind
etwas Pflanzenöl für die Pfanne
Salz, Pfeffer
Zitronensaft
2 EL trockener Weißwein
2 TL feingehackte Petersilie
1 Scheibe Zitrone

Die Champignons trocken mit einem Pinsel von anhaftender Erde säubern. Dann längs in feine Scheiben schneiden. Das Steak in der mit Öl ausgepinselten - möglichst beschichteten - Pfanne von jeder Seite etwa 3 Minuten braten. Mit Salz, Pfeffer und etwas Zitronensaft würzen. Auf einen heißen Teller legen und abdecken. Den Wein in die Pfanne geben. Die Champignons unter dauerndem Umwenden darin 5 Minuten dünsten. Würzen und mit Petersilie verfeinern. Die Pilze auf das Steak geben. Eine Scheibe Zitrone dazulegen.
Beilage:
15o g in wenig Brühe gedünstete Möhren.

Gemüseplätzchen

(Foto)

1 Scheibe Frühstücksschinken oder durchwachsener Speck
15o g gegartes Gemüse, z.B. Weißkohl, Erbsen, Bohnen, Keimlinge
2 Scheiben tiefgefrorener Blätterteig
Zum Bestreichen:
Schlagsahne, Dosenmilch oder etwas Eigelb

Den Schinken würfeln und in der Pfanne braunbraten. Dann unter das Gemüse mischen. Die aufgetauten Blätterteigscheiben (eventuell mit einem großen Bierglas kreisrund ausstechen) zur Hälfte mit dem Gemüse füllen. Die Ränder des Teiges mit kaltem Wasser bestreichen, dann den Teig zusammenklappen. Teigränder fest aufeinanderdrücken. Die Plätzchen mit Sahne, Dosenmilch oder Eigelb bestreichen. Im Backofen bei 2oo °C etwa 2o Minuten backen.

Tip

Beim Einkauf: Gemüse, das 1-2 Tage gelagert werden soll, vorher putzen. Dann in Klarsichtfolie fest einpacken und kalt legen. Salat: putzen und waschen, restliche Blätter in gelochtem Folienbeutel bis zum nächsten Tag kalt legen.

Reissalat

1/2 Bund Dill
1 Becher (15o g) Joghurt
Saft von 1/2 Zitrone
Salz, Pfeffer
Currypulver
5 Champignons
2 Stengel Staudensellerie
1/2 Apfel
15o g gekochter Reis
1 EL Kerbelblättchen

Dill fein schneiden. Joghurt, Dill und etwas Zitronensaft verrühren, mit Pfeffer und Curry würzen. Die Champignons trocken mit einem Pinsel von anhaftender Erde säubern, in feine Scheibchen schneiden. Sofort unter die Marinade mischen. Staudensellerie putzen, waschen, abtropfen lassen. Apfel waschen, vierteln und das Kerngehäuse herausschneiden. Apfel und Sellerie in feine Scheibchen schneiden, mit dem Reis unter die Marinade heben. Mit abgespülten, grob zerpflückten Kerbelblättchen garnieren.

Von den Außenseiten der Selleriestangen die harten Fäden abziehen.

Maisfritter

1 1/2 EL Weizenmehl
Mineralwasser
1 Prise Salz
1 Ei
1 Dose (33o g) Mais
Fett zum Braten

Aus Mehl und Mineralwasser mit dem Schneebesen einen dickflüssigen Teig rühren. 1o Minuten quellen lassen. Dann Salz und Ei unterschlagen. Mais abtropfen lassen. 2-3 Eßlöffel Maiskörner in den Teig geben (restliche Körner am nächsten Tag entweder kalt für Salat, oder für Gemüse oder Suppe verwenden). Daraus im heißen Fett in einer Pfanne mehrere kleine Pfannkuchen backen.

Beilage:
Zu grünem Salat servieren oder mit Zucker bestreut zu Kompott reichen.

Reis mit Frutti di Mare

(Foto)
180-200 g tiefgefrorene Frutti di Mare
1/2 Tasse Weißwein
1/4 TL Currypulver
Salz
etwa 3/4 Tasse gegarter Reis
eventuell:
2 EL Schlagsahne

Die Meeresfrüchte aus dem Tiefkühlbeutel nehmen, sofort in den erhitzten Wein geben. Würzen und etwa 10 Minuten zugedeckt kochen. Den Reis unterrühren, alles auf geringer Temperatur noch 5 Minuten erhitzen. Eventuell mit Sahne abschmecken.

Gefüllte Tomaten

1-2 Tomaten
Salz
1 Ei
1 EL Milch
Pfeffer
25 g Blauschimmelkäse

Die Tomaten waschen, einen Deckel abschneiden. Das Innere mit einem Teelöffel herausschaben. Die Tomate von innen salzen. Das Ei zusammen mit Milch, Pfeffer und zerbröckeltem Blauschimmelkäse verquirlen. Nun die Tomaten mit der Eiermischung ausgießen. Den Tomatendeckel wieder darauf setzen. Unter dem vorgeheizten Grill etwa 5-8 Minuten überbacken. Auf Kräuterblättern anrichten.

Variation:
Aus der Eimischung in einer beschichteten Pfanne ein Rührei braten. Dann das Rührei in die rohe Tomate füllen.

Zucchini mit Schinken

80 g gekochter Schinken
2-3 junge Zucchini (etwa 200 g)
1 EL Pflanzenöl
Oregano
Salz, Pfeffer
eventuell:
1-2 EL geriebener Käse

Den Schinken würfeln. Die Zucchini waschen, ungeschält in Scheiben schneiden. In einer Pfanne das Öl erhitzen. Den Schinken darin anbraten. Dann die Zucchini und die Gewürzzutaten zufügen. Alles unter Umwenden 12-15 Minuten braten. Eventuell vor dem Servieren mit Käse bestreuen.
Variation:
Einen Zucchino durch eine Tomate ersetzen.
Beilage:
Pikanter Quark mit Knoblauch.

Tomaten mit Mozzarellakäse

2 Tomaten
etwa 100 g Mozzarellakäse
Salz, Pfeffer
frische Basilikumblätter
1-2 TL Olivenöl

Die gewaschenen Tomaten in nicht zu dünne Scheiben schneiden. Den Mozzarella ebenfalls in Scheiben schneiden. In einer flachen, feuerfesten Schale die Scheiben abwechselnd wie Dachziegel übereinanderlegen. Salzen und pfeffern. Die gewaschenen, mit einer Schere zerschnittenen Basilikumblätter darüber verteilen.
Alles mit Olivenöl beträufeln. Sofort servieren oder bei 200 °C 15-20 Minuten backen.
Beilage:
Warmes Brot
Variation:
Statt Tomaten können Sie ebensogut Zucchini verwenden.

Kartoffel mit Kaviar

(Foto)

1 große oder einige kleine neue Kartoffeln
pro Kartoffel:
1-2 TL Crème fraîche
und 1-2 TL Kaviar

Die gewaschenen Kartoffeln ungeschält in Wasser garen: große in 25 Minuten, kleine in etwa 17 Minuten. Danach oben kreuzweise einschneiden, etwas auseinanderdrücken. Die Crème fraîche und den Kaviar darauf geben.

Tip:
Die Kartoffeln in etwa 1/3 der Zeit im Schnellkochtopf garen. Kochen Sie gleich einige für den nächsten Tag mit, z.B. für einen Kartoffelsalat.

Variation:
Statt Crème fraîche und Kaviar können Sie auch leichte Remoulade usw. nehmen. Mischen Sie kleingewürfelte Gewürzgurke darunter.
Wenn Sie Kartoffeln für mehrere Personen garen, sollten Sie sie in Alufolie im Backofen zubereiten.

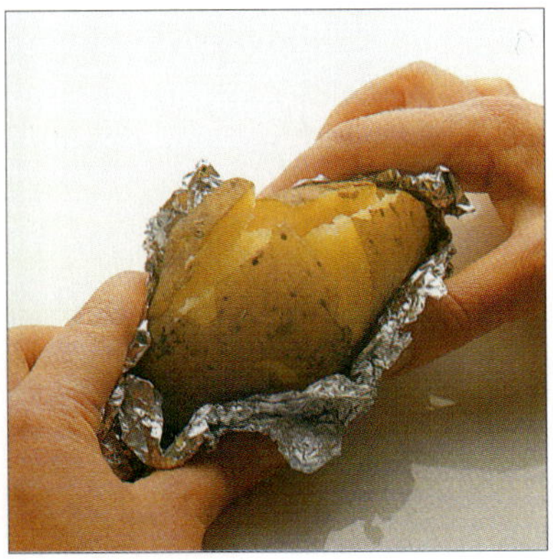

Kartoffeln kreuzweise einschneiden, etwas auseinanderdrücken.

Geflügelleber auf Apfeltoast

100 g Putenleber
Weizenmehl zum Bestäuben
Salz, Pfeffer
20 g Butter
1 Apfel
etwas Oregano
1 Scheibe Vollkorntoast

Die mundgerecht zerteilte Leber trockentupfen, mit Mehl bestäuben, dann salzen und pfeffern. In heißer Butter braun braten. Den inzwischen in Scheiben geschnittenen Apfel mitbraten. Mit Oregano würzen. Brot im Toaster rösten. Apfelscheiben und Leber darübergeben.

Tip

Überbackenes Brot ist in Windeseile fertig. Die einfachste Auflage ist wie bei der Pizza: Tomatenscheiben, Oregano und Käse.

Toast mit Keimlingen

1 Scheibe Vollkorntoastbrot
10 g Butter
1/2 Knoblauchzehe
1 Tomate
Salz, Pfeffer
1 EL Mungbohnensprossen (oder andere Keimlinge)
1 EL geriebener Käse
Petersilienblätter

Das Brot in Butter in der Pfanne auf einer Seite braun braten. Dann wenden und auf der gebräunten Seite mit zerdrücktem Knoblauch bestreichen. Mit einigen dünnen Tomatenscheiben belegen. Salzen und pfeffern. Keimlinge und Käse darüber verteilen. Den Deckel auf die Pfanne legen, und das Brot bei geringer Hitze 10 Minuten braten. Mit Petersilienblättchen und der restlichen Tomate verzieren.

Variationen:
Tomaten, Schinkenwürfel oder
- Garnelen und Käse,
- Birnenscheiben (Dose) und Roquefortkäse,
- Mozzarellakäse, Basilikum und Tomatenscheiben,
- Tomatenscheiben und Rührei mit Schnittlauch.

Nur wenig Kalorien brauchen wir, aber viele Vitamine und Mineralstoffe. Wenig essen, sich trotzdem vollwertig ernähren - ist das überhaupt möglich? Ja - wer richtig auswählt, kann beides vereinen. Aber wie macht man das? Kalorienzählen ist umständlich. Auf diese Weise geht es einfacher: Schalten Sie Fett, Zucker und Alkohol weitgehend aus. Und: Lernen Sie Ihre Nahrungsmittel besser kennen.
Z.B. Obst und Gemüse. Kaum etwas enthält so wenig Kalorien und kaum etwas ist so dicht voller günstiger Wirkstoffe.
Ergänzend zum Gemüse und Obst eignen sich für die leichte Küche kalorienarme Fische, ab und zu mageres Fleisch, sowie fettarme Milchprodukte. Bei Kohlenhydraten muß man unterscheiden: Vollkornprodukte und Kartoffeln machen nicht dick sondern fit. Dagegen Zucker und weißes Mehl sind Kohlenhydrate, die Sie meiden sollten.
Wer leicht kochen möchte, muß Fett einsparen. Wie bei der Auswahl der Lebensmittel gilt dies auch für die Zubereitung.
Beschichtete Pfannen, sowie gute Töpfe mit glattem Boden und dicht schließendem Deckel sind wichtig, weil man darin ohne Fett und mit wenig Wasser garen kann. Was den Geschmack angeht: Frische Zutaten sind so aromatisch, daß sie kaum Fett zur Geschmacksverbesserung benötigen.

Tips

Fünf kleine Mahlzeiten sind besser als drei größere. Wer öfter eine Kleinigkeit nimmt, bekommt keinen Heißhunger. Für Zwischenmahlzeiten eignen sich Früchte, rohes Gemüse und magere Milchprodukte. Damit sollten Sie auch den Tag beim Frühstück beginnen, ergänzt durch Vollkorn-Getreideflocken. Dazu ungesüßten Tee oder Kaffee.
Nur wer mehr ißt als er braucht, nimmt zu. Messen Sie von Zeit zu Zeit Ihren Taillenumfang - daran können Sie leicht erkennen, ob Ihr Gewicht konstant bleibt.
Jede Mahlzeit sollten Sie mit Obst, Salat oder Gemüse beginnen. So kann man den ersten Hunger kalorienarm stillen.
Mit Knoblauch oder frischen Kräutern gewürzter Joghurt paßt sehr gut zu gedünstetem Gemüse und ist kalorienärmer als Crème fraîche.
Wer aromatische Fonds (eventuell fertiggekauft) als Basis nimmt, braucht weder Sahne noch Crème fraîche für den guten Geschmack einer Sauce.
Zum Binden von Suppen und Saucen kann man gegarte Kartoffeln oder mitgeschmortes Gemüse nehmen. Pürieren Sie die Saucen vor dem Servieren mit einem Pürierstab schaumig auf.
Es muß nicht immer in Fett gebratenes Fleisch sein. Es schmeckt auch gut, wenn man Fleisch in Brühe ziehen läßt.

Gefüllte Zucchini

(Foto Seite 12o/121)

2 kleine Zucchini
8o g Beefsteakhackfleisch (Tatar)
Salz, Pfeffer
$^1/_2$ zerdrückte Knoblauchzehe
1 EL gehackte Kräuter
1 kleine gehäutete Tomate
2 TL geriebener Käse

Die Zucchini längs halbieren, leicht aushöhlen. Das Ausgehöhlte würfeln. Mit Fleisch, Gewürzzutaten und kleingewürfelter Tomate vermischen. Die Zucchinihälften damit füllen. Den Käse darüberstreuen.
In einer beschichteten geölten Pfanne die Zucchini zugedeckt etwa 2o Minuten bei geringer Hitze dünsten.

Variation 1:
Sie können auch andere Gemüse mit Hackfleisch füllen, z.B. Tomaten, Auberginen oder Kohlrabi.

Variation 2:
Für Vegetarier ersetzen Sie das Hackfleisch durch gegarte Getreidekörner, z.B. Grünkern.

Tabbouléh

(Foto)

1 große Tomate
12o g Salatgurke
1 Schalotte
2 EL (etwa 3o g) salatfertiger Couscous
Salz, Pfeffer
Saft von $^1/_2$ Zitrone
etwas abgeriebene Schale von 1 Zitrone (unbehandelt)
1 TL feingehackte, glatte Petersilie
1 TL feingehackte Minze

Die gewaschene Tomate fein würfeln, ebenso die geschälte Gurke. Die Schalotte schälen, dann sehr fein hacken. Den unter fließendem Wasser in einem feinen Sieb abgespülten Couscous, Salz, Pfeffer und Zitronensaft und -schale darüberstreuen. Alles umrühren und zugedeckt $^1/_2$ Tag kalt stellen. Dann die Kräuter untermischen, alles nochmals abschmecken. Tabbouléh auf einem Kopfsalatblatt anrichten.

Beilage:
1 weichgekochtes oder pochiertes Ei (siehe Seite 87 Sauerampfersuppe).

Kartoffelsalat

(Foto)

3 gegarte, gepellte Kartoffeln (etwa 200 g)
1 Schalotte
1 TL Pflanzenöl
1/2 TL gekörnte Brühe
Pfeffer
2-3 EL kochendes Wasser
2 TL Essig
50 g Gurke
4 Radieschen
1 EL frischgehackte Kräuter (Schnittlauch, Petersilie usw.)

Die Kartoffeln in Scheiben schneiden. Die abgezogene Schalotte fein würfeln. In einem Pfännchen zusammen mit dem Öl andünsten. Dann die Brühe, Pfeffer, Wasser und Essig unterrühren. Die Brühe heiß über die Kartoffelscheiben gießen. Vorsichtig umrühren. Dann mindestens 1 Stunde durchziehen lassen. Vor dem Servieren die geschälte, gewürfelte Gurke und die kleingeschnittenen Radieschen untermischen. Alles nochmals abschmecken. Mit Kräutern bestreuen.

Beilage:
Ein hartgekochtes Ei oder ein Wiener Würstchen passen gut dazu.

Gemüse-Fisch-Topf

50 g Möhre
120 g Blumenkohl
100 g Zuckererbsen
4 EL Gemüsebrühe
Pfeffer
150 g Fischfilet, z.B. Dorsch
1 TL Sojasauce
1 TL Zitronensaft
Schnittlauch

Die Möhre schälen, waschen, dann in hauchdünne Scheiben schneiden. Den Blumenkohl in Röschen brechen, die Röschen längs in Scheiben schneiden. Von den Zuckererbsen die Spitzen und die Fäden an den Längsseiten entfernen. In einen flachen Topf zuerst die Brühe geben, die Gemüse nacheinander einschichten. Oben auf das Fischfilet legen. Sojasauce und Zitronensaft über den Fisch träufeln. Nun alles bei geringer Hitze etwa 20 Minuten garen, ohne umzurühren. Dann den Fisch auf einen heißen Teller legen, mit Schnittlauch bestreuen. Das Gemüse umrühren, dann um den Fisch legen.

Beilage:
Bei großem Appetit können Sie zusätzlich Langkorn- oder Basmatireis dazu servieren.

Crêpe mit Spinat

Teig:
1 EL Weizenmehl
50 ml Mineralwasser
1 Prise Salz
1 Ei
Außerdem:
250 g Spinat
1 zerdrückte Knoblauchzehe
etwas abgeriebene Muskatnuß
1/2 TL Zitronensaft
1 TL Pflanzenöl
2 TL geriebener Parmesankäse

Für den Crêpeteig Mehl, Wasser und Salz mit einem Schneebesen glattrühren. 10 Minuten quellen lassen. Dann vor dem Backen das ganze Ei unterrühren.
Den verlesenen, gewaschenen, entstielten Spinat gut abtropfen lassen. In einem Topf zusammen mit Knoblauch, Muskatnuß, Salz und Zitronensaft bei lebhafter Hitze zusammenfallen lassen, dabei umrühren. Dann herausnehmen, abtropfen lassen, leicht ausdrücken. Auf einem Brett mit einem großen Messer klein hacken.
In einer beschichteten Pfanne das Öl erhitzen, darin einen Pfannkuchen von beiden Seiten goldgelb backen. Den Spinat hineinfüllen, den Pfannkuchen aufrollen. Dann mit Käse bestreut genießen.

Tomatenbrühe mit Pesto und Pilzen

150 ml Tomatensaft (Flasche)
$^1/_2$ TL gekörnte Brühe
1 Spritzer Tabasco
1 Prise Zucker
2 große Champignons
1 TL Pesto (Basilikumpaste)

Den Tomatensaft zusammen mit Brühe, Tabasco und Zucker aufkochen. Die trocken saubergepinselten Champignons längs in Scheiben schneiden. Die Tomatenbrühe in einen heißen Teller gießen. Die rohen Champignons obendrauf kreisförmig anordnen. In die Mitte der Suppe den Pesto geben.

Pesto

(Foto)
3-4 Knoblauchzehen
1 TL Salz
50 g Pinienkerne
8 EL gehackte Basilikumblättchen
100 g geriebener Pecorino- oder Parmesankäse
200 ml Olivenöl

Knoblauchzehen abziehen, mit Salz, Pinienkernen und Basilikumblättchen im Mörser so lange zerstoßen, bis eine cremige Masse enstanden ist. Käse in den Mörser geben, unterarbeiten. Zum Schluß das Olivenöl unterrühren.
Tip:
Zusammen mit frisch gekochten Spaghetti ergibt der Pesto eine vollständige Mahlzeit.

Rote-Bete-Salat

$^1/_2$ Knolle Rote Bete
1 kleiner Apfel
Saft von $^1/_2$ Zitrone
$^1/_2$ Schalotte
Salz, Pfeffer
1 TL Walnußöl
4 Walnüsse

Die Rote Bete schälen. Den gewaschenen Apfel ebenfalls schälen. Beides grob raffeln. Zitronensaft unterrühren. Die geschälte Schalotte reiben, dann unterrühren. Salz, Pfeffer und Nußöl unterrühren. Die geknackten Walnüsse halbieren, hübsch auf den Salat legen.
Beilage:
1 Pellkartoffel und 2 Eßlöffel mit Salz und Kümmel gewürzten Magerquark.

Tip

Salatsauce: Alle Zutaten für mehrere Portionen in einem Schraubdeckelglas durchschütteln. Nichtverwendete Sauce kalt stellen (siehe auch Kapitel „Salate“).

Gemüsenudeln mit Rosmarin

50 g Vollkornnudeln
Salz
1 Tomate
1 Zucchino (etwa 120 g)
1 kleine zerdrückte Knoblauchzehe
1 Zweig Rosmarin
2 TL geriebener Parmesankäse

Die Nudeln in kochendem Salzwasser nach Packungsanweisung garen. Die gewaschene Tomate fein würfeln. Den Zucchino waschen und ungeschält in Streifen schneiden. Die Tomate in einem Topf zusammen mit dem Knoblauch und Salz andünsten. Zucchino zufügen. Die Rosmarinnadeln vom Zweig lösen und zufügen. Alles 10 Minuten zugedeckt garen. Dann die Nudeln abgießen, unter das Gemüse mischen. Eventuell leicht nachsalzen. Mit Parmesankäse bestreuen.

Erbsen mit Lauchzwiebeln

(Foto)
2 Frühlingszwiebeln mit Grün
1 TL Butter
4 EL Wasser oder Brühe
600 g frische Gartenerbsen (oder 200 g tiefgefrorene)
Salz, 1 Prise Zucker
gehackter Kerbel oder glatte Petersilie

Von den Zwiebeln die Wurzeln und das dunkelgrüne Laub entfernen. Dann die Zwiebeln waschen und in Ringe schneiden. In einem Topf zusammen mit Butter und Flüssigkeit 5 Minuten dünsten. Dann die ausgepalten Erbsen zufügen. Mit Salz und einer Spur Zucker würzen. Etwa 12 Minuten im geschlossenen Topf garen. Vor dem Genießen mit Kräutern würzen.
Beilage:
120 g gegrilltes Hühnerbrustfilet oder Rinderfilet.

Tip

Kräuter: Waschen und von den Stengeln zupfen. Dann die nichtbenötigten in einem Schraubdeckelglas ohne Wasser im Kühlschrank aufheben oder einfrieren. Vor der Verwendung im Beutel zerdrücken, so lange sie noch gefroren sind. Dies erspart das Hacken.

Guacamole mit rohem Gemüse

1 kleine Möhre
100 g Gurke
1 Stange Sellerie
1/2 Paprikaschote
1 Handvoll Kresse
Salz, Pfeffer
Sauce:
1 kleine Tomate
1 Schalotte
etwas zerdrückte Knoblauchzehe
Pfeffer
1 TL Sojasauce
1 EL Joghurt
1/2 reife Avocado
1 EL Zitronensaft

Das Gemüse putzen, waschen und in feine Stäbchen schneiden (restliches Gemüse in Klarsichtfolie fest verpacken, im Kühlschrank lagern), Kresse waschen und abtropfen lassen. Alles auf einem Teller rundum hübsch anordnen, dann leicht salzen und pfeffern.
Die Tomate mit kochendem Wasser überbrühen, 1 Minute stehenlassen, dann häuten und entkernen. Danach fein würfeln. Die abgezogene Schalotte reiben, zusammen mit Knoblauch, Pfeffer, Sojasauce und Joghurt zu der Tomate geben und verrühren. Die Avocado längs halbieren. Das Avocadofleisch mit einem Teelöffel herauslösen, sofort durch ein Sieb drücken. Den Zitronensaft unterrühren. Dann mit der Tomaten-Joghurt-Mischung verrühren und noch einmal abschmecken.
Guacamole in die Mitte des Gemüsetellers geben.
Tip:
Sie können diese mexikanische Spezialität aus Avocado auch zu anderem Gemüse bereiten. Sie schmeckt außerdem sehr gut auf geröstetem Brot.

Fischfilet in Orangensauce

1 Lauchzwiebel
125 g Seelachs- oder Kabeljaufilet
Salz, 1 Prise Currypulver
Saft von 1 Orange
etwas abgeriebene Schale von 1/4 Orange (unbehandelt)

Von der Lauchzwiebel die Wurzeln und dunkelgrünen Blätter entfernen. Dann die Zwiebel waschen und in Ringe schneiden. Das Fischfilet waschen und abtupfen. Die Zwiebelringe in einen Topf oder eine Schüssel aus feuerfestem Ceranglas geben, Fischfilet daraufsetzen. Mit Salz und Currypulver würzen. Mit Orangensaft begießen und mit Orangenschale bestreuen. Zugedeckt auf sehr geringer Hitze etwa 8-10 Minuten auf der Kochstelle garen (das Fischfilet soll nicht mehr glasig aussehen, aber nicht trocken werden).
Beilage: Etwa 50 g in Brühe gegarter Vollkorn-Langkornreis, mit Schnittlauch bestreut.

Götterspeise

(Foto)
1 dünne Scheibe Vollkornbrot
2 EL Magerquark
2 EL Milch (1,5 % Fettgehalt)
1 TL Honig
etwas abgeriebene Zitrone (unbehandelt)
Süßstoff
2 EL Kirschen oder Himbeeren

Das Brot fein zerkrümeln. Dann in einer beschichteten Pfanne unter Umrühren bei mittlerer Temperatur rösten. Den Quark, die Milch, den Honig und die Zitronenschale verrühren. In ein Dessertglas die Hälfte des Brotes schichten, mit Süßstoff beträufeln. Darüber Obst und Quark geben. Mit gesüßten Brotkrümeln bedecken. Zur Verzierung einige Kirschen oder Himbeeren obenauf legen.

Früchtebecher

200 g gemischte Beeren, z.B. Himbeeren und Johannisbeeren, oder Blaubeeren und grüne Weintrauben
1 TL Orangenlikör

Die entstielten, eventuell gewaschenen Früchte (Himbeeren nicht waschen) abwechselnd in ein hohes Dessertglas schichten. Den Likör darüberträufeln.

Maracujagelee

1/2 Blatt weiße Gelatine
1 Maracuja (Passionsfrucht)
150 g Magerjoghurt
Süßstoff

Die Gelatine in kaltem Wasser einweichen, 10 Minuten quellen lassen. Die Maracuja ausschaben. Zusammen mit Joghurt und Süßstoff verrühren. Dann die Gelatine bei sehr geringer Hitze (oder 20 Sekunden in der Mikrowelle) auflösen. Die Maracujaspeise löffelweise darunterrühren. 1 Stunde kalt stellen.

Die Gelatine in kaltem Wasser einweichen, ausdrücken, im Wasserbad oder bei schwacher Hitze in einem Topf oder in der Mikrowelle auflösen.

Tip

Aufgelöste Gelatine nicht in zu kalte Zutaten einrühren, da sich sonst Klümpchen bilden.

Apfel in Wein

1 festkochender Apfel
z.B. Granny Smith
1 Glas Weißwein
Süßstoff
etwas gemahlener Zimt
1 TL Diät-Johannisbeergelee

Aus dem Apfel das Kerngehäuse mit einem Apfelausstecher entfernen. Dann den Apfel schälen. In einem kleinen höheren Topf den Wein erhitzen. Süßstoff, Zimt und den Apfel zufügen, aufkochen. Dann den Apfel bei sehr geringer Hitze 10 Minuten garziehen lassen. Im Wein abkühlen lassen. Vor dem Genießen mit Johannisbeergelee verzieren.

Apfelschnee

1 weichkochender Apfel
z.B. Boskop
Süßstoff
1 Eiweiß
1 TL Honig
3 gehackte Haselnüsse

Den Apfel waschen, schälen, dann in Scheiben schneiden. Mit wenig Wasser in einem Topf dünsten, bis er zerfällt (10 Minuten). Mit Süßstoff süßen und mit einem Schneebesen aufschlagen. Das Eiweiß (Eigelb anderweitig verwenden, zugedeckt kalt stellen) steif schlagen. Apfelmus darunterschlagen. Mit Honig beträufeln und mit Nüssen bestreuen. Den Apfelschnee kalt genießen.

Wer oft allein vor seinem Teller sitzen muß, liebt Geselligkeit - je öfter, desto besser. Gästemenüs selbst zu kochen, macht großen Spaß. Es muß nicht kompliziert und teuer sein. Halten Sie sich an die Zutaten der Jahreszeit: Zum Beispiel Spargel, wenn er dran ist, Bohnen, wenn sie frisch aus dem Garten kommen. In der Saison, wenn es reif ist, hat alles den besten Geschmack und ist preiswert zu haben.
Am praktischsten sind Gerichte, die sich gut vorbereiten lassen: Zum Beispiel Geschnetzeltes, Lasagne, Aufläufe und Gratins. Auch ein interessanter Eintopf kommt gut an - im großen Topf gekocht schmecken solche Gerichte am besten. Wenig Arbeit macht der Braten: Man stellt ihn in den Ofen, da bruzzelt er allein. Zweiter Vorteil: Bratenreste sind in der Single-Küche gut zu gebrauchen. Bei der Zusammenstellung des Menüs gilt: Die Zutaten sollen immer nur einmal vorkommen. Also nicht Tomatensuppe und Tomatensalat. Das gilt auch für Farben: Sie sollen sich möglichst wenig wiederholen und harmonisch zueinander passen, also nicht Rotkohl und Tomaten. Ist der Hauptgang schwer, so sollten Vorspeise und Dessert besonders leicht sein. Bei einem sehr leichten Hauptgang kann man das Menü vor dem Dessert durch eine Käseplatte erweitern. Nehmen Sie sich Zeit für das Aussuchen und Vorbereiten des Weins. Rotwein sollte etwa 15 °C haben. Öffnen Sie die Flaschen etwa eine Stunde vor dem Essen. Weißwein schmeckt kühl am besten, etwa 6-8 °C sind richtig.

Italienisches Menü

Dieses Menü (für 4 Personen) im italienischen Stil läßt sich gut vorbereiten.
Das Menü kann zwischen Hauptgericht und Dessert noch durch eine Käseplatte und italienisches Brot erweitert werden. Als Getränke empfehlen wir leichten italienischen Weißwein und Chianti. Zum Abschluß gibt es Espresso.

Risotto

80 g Butter
1 kleine feingehackte Zwiebel
400 g Vialone Reis
1 Glas (0,2 l) trockener Weißwein
1 1/4 l Fleischbrühe
etwas Salz
etwa 3 EL frisch geriebener Parmesankäse

Die Hälfte der Butter in einem Topf erhitzen. Zwiebel und den trockenen Reis zugeben, unter Umrühren anrösten, bis der Reis glasig aussieht. Dann den Wein zugießen und weiterrühren. Nach und nach die heiße Fleischbrühe zugießen, dabei dauernd rühren. Nach etwa 20 Minuten die restliche Butter und den geriebenen Käse unterrühren.

Ossobuco Gebratene Kalbshaxe

(Foto Seite 132/133)
2 EL Weizenmehl
Salz, Pfeffer
etwa 6 Scheiben Kalbshaxe à 200 g
Pflanzenöl zum Braten
2 feingehackte Zwiebeln
2 feingewürfelte Möhren
2 Stangen feingewürfelter Staudensellerie
300 ml trockener Weißwein
etwa 1/4 l Fleischbrühe
3 abgezogene, entkernte Tomaten
2 EL feingehackte Petersilie
1 zerdrückte Knoblauchzehe
abgeriebene gelbe Schale von 1 Zitrone (unbehandelt)

Mehl, Salz und Pfeffer vermischen, das Fleisch damit panieren. In einer großen Schmorpfanne in heißem Öl aufrecht stehend, so daß das Knochenmark nicht herausläuft, an den Seiten rundherum braun braten. Nun das Würzgemüse zufügen und mit anschmoren. Den Wein zufügen, alles ohne Deckel bei starker Hitze 15 Minuten garen. Nach und nach die Brühe zugeben, das Fleisch nun 1 1/2 Stunden zugedeckt garen. Die Tomaten mit kochendem Wasser überbrühen, 1 Minute stehenlassen, häuten, entkernen und würfeln. Die Würfel über das Fleisch geben und 15 Minuten garen. Petersilie, Knoblauch und Zitronenschale vermischen, über die Fleischscheiben streuen. Dazu Risotto oder Bandnudeln mit Pesto (siehe Seite 127) servieren.

Spinat mit Sultaninen

2 kg frischer Spinat oder 2 Pakete tiefgefrorener Blattspinat
4 EL Pflanzenöl
1 zerdrückte Knoblauchzehe
Salz, Pfeffer
1 Prise Zucker
50 g in lauwarmem Wasser eingeweichte Sultaninen

Den verlesenen und gewaschenen Spinat zusammen in heißem Öl und Knoblauch andünsten, dabei mehrfach umrühren. Dann würzen, und die Sultaninen zufügen. 10-15 Minuten garen. Zum Ossobuco reichen.

Obstsalat mit Asti Spumante

(Foto)
500 g Erdbeeren
4 reife Pfirsiche
400 g grüne Weintrauben
Zucker nach Geschmack
etwa 1/2 Flasche süßer Sekt

Von den Erdbeeren die Blättchen abzupfen, große Früchte halbieren. Die Pfirsiche mit heißem Wasser brühen, enthäuten und vom Stein lösen. Dann würfeln. Die Weintrauben halbieren und entkernen, eventuell vorher häuten. Alles zusammen gezukkert und mit Sekt begossen etwa 1 Stunde kalt stellen. Dazu eventuell Mascarpone (dicke schwach säuerliche Sahne) und Amaretti (italienische Mandelmakronen) reichen.

Das leichte Sommermenü

Im Sommer, wenn der Appetit nur ganz klein ist, freut sich jeder Gast über ein leichtes Menü. (Rezepte für 4 Personen). Als Getränke eignen sich trockener französischer Rosé oder frisch-fruchtiger Weißwein.

Klare Tomatensuppe mit Quarkklößchen

4 Schalotten
1 kleine Knoblauchzehe
1 EL Pflanzenöl
2 Dosen (à 800 g) Tomaten
2 EL Tomatenmark
Salz, Pfeffer
1/2 TL Zucker
1/2 TL Kräuter der Provence
2 Eiweiß
Schnittlauchröllchen
Nocken:
40 g weiche Butter
2 Eigelb
40 g abgetropfter Magerquark
50 g Weizenmehl

Die Schalotten und die Knoblauchzehe abziehen, Schalotten fein hacken, den Knoblauch zerdrücken. Beides in dem Öl bei mittlerer Temperatur 2 Minuten andünsten. Tomaten, Tomatenmark und Gewürzzutaten zufügen. Alles zugedeckt etwa 15 Minuten garen. Mit dem Pürierstab die Tomaten zusammen mit dem Eiweiß fein pürieren, bei leichter Hitze weiterkochen. Um die Suppe zu klären, ein Sieb mit einem Blatt Küchenpapier auslegen. Die Suppe durchlaufen lassen.

Für die Nocken die Butter schaumig rühren, Eigelb und Quark unterrühren. Das Mehl sieben, unter die Masse heben, die Masse würzen. 30 Minuten quellen lassen. Mit nassem Teelöffel Nocken abstechen. In schwach siedendem Salzwasser 8-10 Minuten im offenen Topf garen, herausnehmen und abtropfen lassen. Nocken auf Suppenteller verteilen, die heiße Suppe darübergießen. Schnittlauch darauf streuen.

Lammfilets

(Foto)
Etwa 800 g Lammfilet (ausgelöster Rücken)
1 EL Pflanzenöl
1 EL Butter zum Braten
Salz, Pfeffer
5 EL Rotwein
5 EL Fleischbrühe oder Wasser
1 gehäutete, gewürfelte Tomate
1 EL Butter

Das Fleisch in Scheiben schneiden und von jeder Seite 2 Minuten braten. Dann würzen und in Folie einwickeln. Den Bratensatz entfetten, dann den Rotwein, die Brühe und die Tomate zugeben. Bratfond 10 Minuten aufkochen, dann durch ein Sieb geben. Im Topf wieder erhitzen, nun die kalte Butter unterschlagen. Sauce abschmecken und über das Fleisch gießen.
Beilage:
Dazu passen grüne Bohnen.

Erdbeerpüree mit Saurer-Sahne-Creme

Creme:
4 Blätter weiße Gelatine
1 Tasse Milch
1/2 Tasse Puderzucker
1 Tasse saure Sahne (10 % Fett)
1 Vanillezucker
100 ml Schlagsahne
Außerdem:
250 g geputzte Erdbeeren
1 Tasse Puderzucker
Saft von 1 Zitrone
1 EL Grand Marnier
1/2 Tasse Mineralwasser mit Kohlensäure
300 g Erdbeeren

Für die Creme die Gelatine in kaltem Wasser 10 Minuten einweichen. Dann Milch, Puderzukker, saure Sahne und Vanillezucker mit dem Pürierstab aufschlagen. Die ausgedrückte Gelatine bei milder Hitze auflösen. Nach und nach die Milchmischung unterschlagen. Kalt stellen. Wenn die Creme fest wird, die steifgeschlagene Sahne untermischen.
Die gewaschenen, entblätterten Erdbeeren, Puderzucker und den Zitronensaft pürieren, dann durch ein Sieb rühren. Likör und Mineralwasser unterrühren. Die übrigen Erdbeeren für die Dekoration zurücklassen.
Zum Servieren den Tellerrand mit Puderzucker bestäuben. Dann auf jeden Teller etwas Erdbeerpüree gießen. Dann mit einem nassen Eßlöffel jeweils eine Creme-Nocke abstechen und darauf setzen. Mit Erdbeeren dekorieren.

Herbstmenü

Dieses Menü (für 4 Personen) mit geschnetzeltem Wildfleisch unter dem Teigdeckel paßt gut in die herbstliche Jahreszeit und läßt sich bestens vorbereiten. Reichen Sie Rotwein dazu.

Paprika-Möhren-Suppe

1 kg rote Paprikaschoten
etwa 600 g Möhren
2 große Zwiebeln
1 Stück Ingwerwurzel
40 g Butterschmalz
1/2 TL Cumin (Kreuzkümmel)
4 EL Tomatenmark
3/4 l (750 ml) Fleischbrühe
Salz
1-2 TL Zucker
1 Glas trockener Sherry Fino
4 TL Crème Double

Die Paprikaschoten halbieren, entkernen, waschen und würfeln. Die Möhren schälen, waschen und würfeln. Die abgezogenen Zwiebeln würfeln. Die Ingwerwurzel schälen, in feine Scheiben schneiden und dann sehr fein hacken (etwa 1/2 Eßlöffel voll). Das Butterschmalz erhitzen. Paprika- und Zwiebelwürfel mit dem Cumin darin goldgelb andünsten. Dann die restlichen Zutaten - bis auf den Sherry - zufügen und aufkochen. Alles etwa 45 Minuten im geschlossenen Topf garen. Danach mit einem Stabmixer durchpürieren, durch ein Sieb geben. Nochmals erhitzen und mit Sherry abschmecken. Dann in heiße Tassen füllen und zusammen mit Croûtons (in Butter gebratene Brotwürfel) servieren. In jede Suppentasse 1 Teelöffel Crème double geben, nicht umrühren.

Geschnetzeltes Wild im Blätterteig

750 g Wildfleisch ohne Knochen, z.B. Reh- oder Hirschkeule
1 Zwiebel
50 g Butterschmalz zum Braten
Salz, Pfeffer
2 zerdrückte Wacholderbeeren
450 ml Wildfond (Glas)
150 ml saure Sahne
1 EL Johannisbeergelee
etwas abgeriebene Schale von 1 Orange (unbehandelt)
1 Paket tiefgefrorener Blätterteig
1 Eigelb

Das Fleisch trockentupfen, mit einem scharfen Messer in 1 1/2 cm breite, dünne Streifen schneiden. Die abgezogene Zwiebel hacken. In einem großen, flachen Bräter das Butterschmalz erhitzen. Das Fleisch darin unter dauerndem Umwenden 4 Minuten kräftig anbraten. Die Zwiebel mitbraten. Die Gewürzzutaten und die Brühe zufügen. Bei lebhafter Hitze 5 Minuten kochen, die Flüssigkeit auf etwa die Hälfte einkochen. Den Topf von der Kochstelle nehmen. Saure Sahne, Johannisbeergelee und Orangenschale unterrühren. Abkühlen lassen.
1 Stunde vor dem Essen den Blätterteig auftauen. Alle Scheiben übereinandergelegt 2-3 mm dünn ausrollen.
Für den Teigdeckel die feuerfeste Form auf den Teig legen, den Teig passend ausschneiden. Ein Loch von 2 cm Durchmesser in die Mitte schneiden. Das Fleisch in die Form geben. Den Teigdeckel darauf legen. Aus den Teigresten kleine Blätter usw. ausschneiden, auf den Teigdeckel legen. Alles mit Eigelb bestreichen. Im Ofen bei 190-200 °C etwa 30 Minuten backen.
Beilage:
Dazu passen Rosenkohlröschen.

Gefüllte Bratäpfel

(Foto)
4-6 kleine festkochende Äpfel, z.B. Cox Orange
1 Elisenlebkuchen oder einige Braune Kuchen
1 EL Rumrosinen

Die Äpfel ungeschält waschen, das Kerngehäuse mit einem Apfelausstecher entfernen. Die Äpfel in eine feuerfeste Form setzen. Lebkuchen zerbröckeln, die Rosinen untermischen. Dann die Äpfel damit füllen. Im vorgeheizten Ofen bei 200 °C 15-20 Minuten backen, bis sie geplatzt sind.
Beilage:
Dazu gekochte Vanillesauce, die mit geschlagener Sahne verfeinert wurde, servieren.

Das große Menü

Zu einem besonderen Anlaß paßt dieses große Menü für 4 Personen mit vier Gängen (wollen Sie es auf drei Gänge reduzieren, so lassen Sie einfach den Fischsalat weg). Fast alles läßt sich gut vorbereiten, so daß Sie Zeit haben, sich Ihren Gästen zu widmen.

Vor dem Servieren die kalte Schalottensahne mit dem Stabmixer aufschlagen und in die Aprikosenmischung einrühren. Die Suppen jeweils in eine Kanne geben, für jeden Gast (siehe Foto) einen Teller hübsch zurechtmachen.

Kalte Tomaten-Aprikosen-Suppe

(Foto)
2 Schalotten
3o g Butter
1 Dose (85o g) geschälte Tomaten
Oregano
Salz, Pfeffer
1 TL Zucker
Außerdem:
2oo ml Schlagsahne
1 Dose (85o g) Aprikosen
15o ml trockener Weißwein
5o ml Wasser
1 TL gekörnte Brühe

Die Schalotten abziehen und sehr fein würfeln. Die Hälfte in Butter andünsten. Dann die Tomaten und die Gewürzzutaten zugeben. Alles aufkochen, 1o Minuten garen. Dann mit einem Stabmixer pürieren. Pikant abschmecken. Abkühlen lassen. Die restliche Schalotte zusammen mit der Sahne aufkochen. Dann die abgetropften Aprikosen mit dem Wein pürieren. Zusammen mit den Gewürzzutaten aufkochen. Durch ein Sieb streichen und abkühlen lassen.

Blattsalat mit Fischfilet

Etwa 4oo g gemischter Blattsalat, z.B. Lollo Rosso, Pflücksalat
Sauce:
Salz, Pfeffer
1/4 TL Delikateß-Senf
1 Prise Zucker
1 1/2 EL Zitronensaft
1 1/2 EL Weinessig oder Balsamico
5 EL feines Pflanzenöl z.B. Traubenkern- oder Olivenöl
Außerdem:
4 kleine Fischfilets, z.B. Steinbeißer oder Lotte
4o g Butter

Den gewaschenen, trockengeschleuderten Salat auf eine Platte legen. Mit Folie bedeckt bis zum Servieren kühl stellen. Die Zutaten für die Salatsauce - ohne Öl - gut verrühren. Erst dann das Öl unterrühren. Die Blätter mit Salatsauce beträufeln. Die gewaschenen, abgetupften Fischfilets in Butter auf jeder Seite 2 Minuten braten und mit etwas Salatsauce beschöpfen. Die Filets auf die Salatblätter legen, den Bratfond darüber verteilen.

Roastbeef in Salzkruste

1 kg Rindfleisch, z.B. Roastbeef
Pfeffer
1-2 EL Pflanzenöl und
1 EL Butter zum Braten
Für die Salzkruste:
1-1 1/2 Eiweiß
1-1 1/2 kg grobes Salz

Das Rindfleisch trockentupfen und mit Pfeffer würzen. Öl und Butter in einem Bräter erhitzen, das Fleisch bei mittlerer bis starker Hitze gut anbraten. Dann herausnehmen und abkühlen lassen. Den Bräter reinigen. Den Ofen auf 2oo °C aufheizen. Das Eiweiß mit etwas Salz zu sehr steifem Schnee schlagen. Dann soviel Salz untermischen, daß eine Paste entsteht. Eine Schicht davon in den Bräter geben, das Fleisch darauf setzen. Nun dick mit Salzpaste einstreichen, gut andrükken. Den Bräter ohne Deckel auf die mittlere Schiene in den Ofen stellen und das Fleisch etwa 2o Minuten bei 2oo °C braten.
1o Minuten im ausgeschalteten Ofen ruhen lassen.
Dann die Salzkruste aufklopfen (den Braten den Gästen zeigen). Nun den Braten auf einem Fleischbrett tranchieren.
Beilage:
Ofenkartoffeln und Gemüse der Saison, z.B. grüne Bohnen, Blumenkohl usw.

Schnee-Eier

4 Eiweiß
einige Tropfen Zitronensaft
18o g feiner Zucker
3/4 l Milch
1 aufgeschnittene Vanilleschote
6 Eigelb
1 EL Zucker
8o g Zucker für den Karamel

Eiweiß und Zitronensaft schaumig schlagen. Den Zucker einrieseln lassen und weiterschlagen. Die Milch mit der Vanilleschote aufkochen. Den Topf von der Kochstelle nehmen, mit einem großen Löffel das Eiweiß in Häufchen auf die Milch setzen. Den Deckel auf den Topf legen, warm stellen (in eine Decke packen). 3o Minuten ungeöffnet stehenlassen, damit das Eiweiß fest werden kann. Den Eischnee mit einer Schaumkelle in eine Dessertschüssel geben. Abkühlen lassen, mit Folie abgedeckt 2 Stunden kalt stellen.
Für die Sauce Eigelb und Zucker mit einem Schneebesen schlagen. Die Milch wieder aufkochen, die heiße Milch in feinem Strahl unter das Eigelb schlagen. Den Topf auf die Kochstelle stellen, unter dauerndem Schlagen erhitzen, bis die Sauce dicklich wird - aber nicht kocht. Die Sauce kalt stellen. Später an die Schnee-Eier gießen. 3o Minuten vor Verzehr den Zucker bergartig in einen Topf schütten. Auf starker Hitze, ohne umzurühren, zerlaufen lassen und nur hell bräunen (sonst schmeckt Karamel bitter). Den Karamel schnell in feinem Strahl gitterartig über die Schnee-Eier laufen lassen.

Einfaches Menü

Sie können Ihre Gäste auch ganz einfach bewirten. Diese Lasagne zum Beispiel ist preiswert und lecker. Außerdem kann man sie schon Stunden vor Eintreffen der Gäste fertigmachen. Reichen Sie dazu einen grünen Blattsalat.

Lasagne

(Foto)
1 Knoblauchzehe
1 Zwiebel
6oo g gemischtes Hackfleisch
2 EL Pflanzenöl
Salz, Pfeffer
1 TL getrockneter Majoran
2oo ml Wein, weiß oder rot
5oo g Tomaten
2oo g Schafskäse
Butter für die Form
1 Paket grüne Lasagne ohne zu kochen
1 Päckchen (25o ml) Helle Sauce
2 EL geriebener Hartkäse

Die abgezogene Knoblauchzehe zerdrücken. Die abgezogene Zwiebel hacken. Das Hackfleisch in einer Pfanne mit heißem Öl mit den Gewürzzutaten braun braten. Den Wein zugießen, 1o Minuten schmoren. Die gewaschenen Tomaten in Scheiben schneiden, den Käse zerbröckeln. Eine flache Auflaufform gut ausbuttern, dann eine Lage Lasagneblätter darauf ausbreiten. Die Hälfte von Hackfleisch, Tomaten und Käse übereinander darauf schichten. Mit Lasagneblättern bedecken. Den Vorgang wiederholen. Mit Lasagneblättern abschließen. Die Helle Sauce nach Packungsanweisung zubereiten. Über die Lasagne gießen. Den geriebenen Käse darüberstreuen. 4o Minuten bei 19o-2oo °C im Ofen goldgelb backen.
Beilage:
Grüner Blattsalat mit Schnittlauch, bestreut mit etwas abgeriebener Schale einer unbehandelten Zitrone.

Feines Kompott mit Portwein

5oo g Zwetschgen
Zucker
1 Gewürznelke
2 fast reife Williamsbirnen
2 säuerliche Äpfel
Saft von 1/2 Zitrone
etwas abgeriebene Schale von 1/4 Zitrone (unbehandelt)
5 cl Portwein

Die gewaschenen Zwetschgen entsteinen, mit Zucker und Gewürznelke in wenig Wasser 5 Minuten dünsten. Die geschälten, entkernten und geachtelten Birnen mit Zucker und wenig Wasser 1o Minuten dünsten. Die geschälten, entkernten Äpfel vierteln, zuckern und 5 Minuten in wenig Wasser, Zitronensaft und -schale dünsten. Alle drei Kompottsorten abkühlen lassen. Vor dem Servieren vermischen und mit Portwein begießen.

Wok, Mikrowelle, Kochtopf und Schnellkochtopf, stabile Rührlöffel und scharfe Messer - viele nützliche Dinge können uns die Küchenarbeit leichter machen. Wer ökonomisch wirtschaften will, braucht praktische Geräte von guter Qualität. Ein „billiges" Gerät ist seinen Preis nicht wert, denn nach kurzer Zeit stellen sich Mängel ein, und Sie müssen Ersatz beschaffen. Wenn dagegen das Preis-Leistungs-Verhältnis stimmt, haben Sie lange Nutzen davon.
Was muß man z.B. von einem Topf erwarten: Er soll sich rasch erhitzen, muß fest verschließbar sein, damit man darin wasser- und fettarm garen kann. Er soll hübsch aussehen, stabil und pflegeleicht sein, die Griffe müssen gut in der Hand liegen und dürfen beim Garen nicht heiß werden. Wenn Sie überdies noch ofenfest sind, ist das ein weiterer Vorteil. - Stellen Sie Ansprüche an Ihr Werkzeug! Je besser Sie damit arbeiten können, desto mehr Spaß werden Sie haben. Schließlich soll die Küche Ihre Hobby-Werkstatt sein. In unserem Ratgeber bekommen Sie viele nützliche Tips.

Single-Haushalt - ganz perfekt

Wer gerade anfängt, sein eigenes Nest zu bauen, ist meistens ratlos, wenn es darum geht, die Küche zweckmäßig auszustatten. Was braucht man denn nun wirklich, um selbständig wirtschaften zu können? Es ist nicht gerade wenig, was die Haushaltsführung angenehm und praktisch macht. Aber es muß ja nicht alles auf einmal angeschafft werden. Mit dieser Aufstellung bekommen Sie einen guten Überblick.

Was braucht man zur Ausstattung?

Mindestens 2-3 Kochstellen sollten zum Kochen verfügbar sein. Wer seinen Speisezettel abwechslungsreich gestalten möchte, benötigt auch einen Backofen als Ergänzung. Es gibt sie heute sogar als leistungsfähige Kleingeräte (Foto). Sie verbrauchen wenig Energie, trotzdem sind Kuchen und kleine Braten darin problemlos zu machen. Gerade für den Single-Haushalt ist ein Mikrowellengerät praktisch, denn kleine Portionen sind darin in wenigen Minuten energiesparend zubereitet.

Kochgeschirr

3-4 Töpfe, ergänzend eine Stielkasserolle (zum Rühren von Saucen) und 1-2 Pfannen gehören zur Grundausstattung - eine schwere aus Stahlemail und eine aus leichtem Aluminium mit Beschichtung (nur mit Bratenwendern aus Holz oder hitzebeständigem Kunststoff zu verwenden). Schnellkochtöpfe gibt es auch für den kleinen Haushalt. Aber nehmen Sie nicht nur kleine Töpfe, schließlich möchte man ab und zu auch für Gäste kochen. 1-3 feuerfeste flache Schüsseln, 1 Pieform oder Springform sind praktische Ergänzungen.

Küchengeräte

Hiermit sind Sie gut ausgerüstet: 3 Rührlöffel aus Holz oder hitzebeständigem Kunststoff, 1 Schöpfkelle, 1 Schaumlöffel, 1 großer Löffel zum Einfüllen von Gemüse usw., 1 Bratenwender, 2 Schneebesen (klein und größer), 1 Gummischaber und 1 Satz stabiler, scharfer Messer (Wurstmesser, Brotmesser mit Wellenschliff, zum Vorbereiten 1 Küchenmesser, 1 Schälmesser, 1 Sparschäler). Ein Kartoffelstampfer ist sinnvoll (für Stampfkartoffeln, Klöße, Kartoffelgnocchi usw.).
Außerdem: 1 Meßbecher, 1 feine Reibe, 1 grobe Raffel, 1 Gurkenhobel, 1 Satz Schüsseln aus Metall, eventuell 1-2 Rührschüsseln aus Kunststoff.
Verschließbare Kunststoffdosen für Reste und Vorräte sind sehr praktisch für den Kühlschrank.

Sonstiges

1 großes und 1 kleines Sieb, Seiher, Korkenzieher, Dosenöffner, Flaschenöffner, Knoblauchpresse, Zitronenpresse, Haushaltsschere, Kurzzeitwecker, 1 Mörser für Gewürze, 1 Trichter zum Einfüllen von Flüssigkeiten, evtl. 1 Eipick.
Elektrische Kleingeräte: Sehr hilfreich sind Feinhacker bzw. Pürierstab und Handmixer.
An größeren Geräten: Kühlschrank, eventuell mit 200 l Inhalt (er kann ohne Gefrierfach sein), dazu ein extra Tiefgefriergerät - es hilft, zeit- und geldsparend zu wirtschaften. Ideal: ein Mikrowellengerät, eventuell mit Backofen, wenn kein extra Ofen vorhanden ist, dazu etwa 3 mikrowellenfeste Schüsseln mit Deckel.

Geschirr und Gläser

Will man Gäste bewirten, dann sollte alles 6 x vorhanden sein (sonst etwa 4 x): Eßteller, Suppenteller oder -schalen, Frühstücksteller, Tassen plus Unterteller, Warmhaltekannen, 2-3 Schüsseln, 1 Salatschüssel plus Besteck, einige Glasschüsseln für Obst und Desserts, 2 Platten für Aufschnitt und Fleisch, 1 Brotkorb oder -brett, mindestens 6 Wasser- bzw. Biergläser, mindestens 6 Weingläser, zweckmäßiges Eßbesteck für 6, dazu möglichst 6 Suppentassenlöffel.
Zum Aufdecken am Eßtisch: Entweder 6 passende, waschbare Sets oder einige Tischdecken (eventuell aus waschbarem Dekorstoff in großzügiger Abmessung).

Lebensmittelvorrat

Kaffee, Tee, Mineralwasser, Zukker, Salz, Reis, Nudeln, Mehl und Speisestärke, Bohnen und Linsen (in Dosen und getrocknet), Tomaten in Dosen, Tomatenpüree, Essig und Öl (möglichst verschiedene Sorten - für Salate sehr wichtig), 1 Stück bester Parmesankäse zum Reiben (geht vorzüglich in einem elektrischen Feinhacker), Butter/Margarine, Senf, Dosenmilch oder H-Milch, Fertigsuppen, gekörnte Brühe, Knoblauch, Zwiebeln, Zitronen, Konfitüre, Honig, Haferflocken, Brot und Knäckebrot. Ideal, vor allem, wenn Sie gerne Gäste haben wollen: Obst, Gemüse, Kräuter, Fleisch, Fisch und Brot usw. im Tiefgefriergerät. Nützlich: 1 Flasche bester Weißwein oder Wermut (Noilly Prat) zum Abschmecken. Und natürlich einen Vorrat an Getränken, vor allem Mineralwasser.

Aufbewahrung

Am besten in einem belüftbaren Vorratsschrank. Sehr übersichtlich sind ausziehbare Küchenschränke. Ist das beides nicht möglich, dann sollten die Vorräte in den kühlsten Küchenschrank - nicht zu dicht gepackt, damit Luft zirkuliert. Verschließbare Dosen sind gut, Reis lagert besser luftig (wird leicht ranzig). Vorräte an Kaffee oder Mandeln und Nüssen müssen ebenfalls in den Kühlschrank.

Gewürze

Pfeffer und Pfeffermühle (verschiedene Pfeffersorten, am besten Körner zum Selbstzermahlen), Currypulver, Paprika - scharf und edelsüß (mild), Muskatnuß und eine kleine Reibe dazu, Gewürznelken (im Kühlschrank aufheben), Vanilleschoten (in Glasröhrchen), Vanillezucker, getrocknete Kräuter: Thymian, Majoran, Oregano, eventuell Estragon (getrocknet intensiver als frisch), Salbei und Rosmarin. Sehr aromatisch sind gefriergetrocknete Kräuter im Schraubglas, z.B. Schnittlauch. Getrocknetes Basilikum schmeckt oft fad, Basilikumpaste (Pesto) würzt intensiver. Gewürze und Kräuter müssen lichtgeschützt, trocken und möglichst kühl aufbewahrt werden - also nicht über dem Herd in der Nähe von Kochdünsten. Und: Tiefgefrorene gehackte Kräuter sind eine gute Ergänzung.

So bleiben Sie gesund

Sind Sie fit und immer gut in Form? Wer gesund leben will, braucht nur einige Grundsätze zu beherzigen. Hier beantworten wir die zehn häufigsten Fragen zum Thema „gesunde Ernährung".

Frage 1

Warum soll man sich zum Essen Zeit nehmen?

Je entspannter man sich zu Tisch setzt, desto freundlicher reagiert der Magen. Der Körper kann leichter verdauen. Und das Sättigungszentrum im Gehirn hat Zeit, das Stop-Signal zu geben. Wer langsam ißt, nimmt nicht mehr als nötig und bleibt immer schlank. Es macht nicht soviel Spaß, allein zu essen? Versuchen Sie es trotzdem - auch eine Solo-Mahlzeit trägt zu Entspannung und Wohlbefinden bei. Warum also auf diese Freude verzichten? Zumal Fitness und Gesundheit von regelmäßigem Essen stark beeinflußt sind. Unsere Rezepte sind schnell nachzumachen. Zum Essen selbst aber sollten Sie sich Zeit nehmen, denn genießen kann nur, wer wirklich Muße hat.

Frage 2

Warum möglichst viel Gemüse und Obst?

Gemüse und Obst stecken voller Vitamine und Mineralstoffe. Von Natur aus sind sie „light", denn sie enthalten viel Wasser, Ballaststoffe und meistens wenig Fett (außer Avocados, Nüssen und Oliven). Die moderne Ernährungslehre spricht von „Nährstoffdichte", das heißt: Im Verhältnis zu ihrem meist geringen Kaloriengehalt haben Obst und Gemüse viele Vitamine und Mineralstoffe. Dagegen: Fettreiche Nahrungsmittel, wie Wurst und Fleisch zum Beispiel, haben viel mehr Kalorien, bieten im Verhältnis dazu aber weniger Mineralstoffe und Vitamine. Sie sind also „nicht so dicht voller Nährstoffe".
Wir sollten leicht essen, weil meistens im Sitzen gearbeitet wird. Dabei wird wenig Energie (Kalorien) verbraucht. Aber auch

bei wenig Bewegung nimmt der Bedarf an Vitaminen und Mineralstoffen nicht ab. Wir wissen heute, wie wichtig sie für unser Immunsystem sind. Gemüse und Obst bieten eine Fülle von diesen Wirkstoffen. Von beidem dürfen Sie immer soviel essen, wie Sie wollen.

Frage 3

Wieviele Mahlzeiten pro Tag sind richtig?
Öfter wenig statt wenige Male viel! Eine einfache Regel. Auf diese Weise bekommt man niemals Heißhunger (bei dem man dann zu viel und zu schnell ißt). Und der Körper kann die Nahrung besser ausnutzen. Wer mit Fett, Zucker und Alkohol vorsichtig ist, wird nicht zu dick.
Als Zwischenmahlzeit eignen sich Obst, rohes Gemüse, Knäckebrot, Quarkspeise oder nicht zu fetter Joghurt (höchstens 3,5 % Fettgehalt).

Frage 4

Sind „Light-Produkte" besonders gesund?
Bei Wurst und Fleischwaren sind Light-Produkte ärmer an Fett - das ist vorteilhaft. Auch bei Light-Butter und -Käse wird Fett durch Wasser und Bindemittel ersetzt. Desserts werden mit Süßstoff gesüßt und mit Luft aufgeschäumt, das macht sie weniger konzentriert und spart Kalorien. Auch Light-Getränke sind mit Zuckeraustauschstoffen gesüßt.
Trotzdem: Man muß nicht unbedingt teure Light-Produkte wählen, um Fett und Zucker einzusparen, denn es gibt viele Lebensmittel, die sowieso leicht sind (siehe Obst und Gemüse). Zum Beispiel Bierschinken, Corned Beef, Kasseler Schinken (ohne Fettrand), Harzer Käse, Magerquark, reine Buttermilch. Statt Halbfettbutter kann man auch Crème fraîche aufs Brot streichen, das schmeckt ausgezeichnet.

Frage 5

Warum soll man Vollkornprodukte wählen?
Wenn beim Getreidekorn auch die vitaminreichen Randschichten und vor allem auch der wertvolle Keim mitvermahlen wurden, sprechen wir von Vollkorn. Das kann aus Weizen oder auch aus Roggen usw. sein. Vollkorn ist aus zweierlei Sicht gesund:
1. enthält es bedeutend mehr Mineralstoffe und Vitamine und
2. stecken mehr Ballaststoffe (die Hüllen des Korns sind für uns unverdaulich) darin. Sie füllen Magen und Darm, haben wenig verwertbare Kalorien, sättigen schnell und sorgen gleichzeitig für eine geregelte Verdauung. Auch Hülsenfrüchte und Kartoffeln sind ballaststoffreich. Gerade wer wenig Bewegung hat, braucht ausreichend Ballaststoffe. **Wichtig:** Ballaststoffe können den Blutfettwert senken (viele Menschen haben zu hohe Blutfettwerte).

Frage 6

Milchprodukte und Fleisch - wieviel ist richtig?
Auf den Fettgehalt kommt es bei beiden an. Magere Milchprodukte sollen täglich auf den Tisch, mageres Fleisch etwa 3 mal pro Woche. Beide bieten dem Körper lebenswichtiges, gut vom Körper verwertbares Eiweiß (Protein). Milchprodukte sind besonders calciumreich und leicht verdaulich (hier vor allem Sauermilchprodukte). Fleisch enthält Eisen und wichtige Vitamine der B-Gruppe.

Frage 7

Warum regelmäßig Seefisch?
Fisch aus dem Meer ist unsere beste Quelle für Jod - ein Spurenelement, das die Schilddrüse unbedingt braucht. Viele Menschen leiden unter Jodmangel und bekommen einen Kropf. (Durch jodiertes Speisesalz kann man zusätzlich Mangelzuständen vorbeugen.) Fisch ist auch sonst empfehlenswert: Er enthält viel hochwertiges Eiweiß und Mineralstoffe. Außerdem ist er sehr leicht verdaulich. Viele Fische sind fettarm und daher auch kalorienarm, z.B. Kabeljau, Seelachs, Schellfisch - aber reich an Wirkstoffen. 2-3 mal pro Woche sollten Sie ihn genießen. Außerdem: Kaum ein Nahrungsmittel ist so unkompliziert in der Zubereitung.

Frage 8

Warum ist Abwechslung so wichtig?

Kein Lebensmittel enthält alle für den Körper wichtigen Nährstoffe zugleich. Deshalb ist ein abwechslungsreicher Speisezettel das Beste, um sich gut zu versorgen. Die Ernährungswissenschaft legt den sogenannten „Lebensmittelkreis" zugrunde, darin werden sieben Gruppen aufgeführt, die regelmäßig auf unserem Speisezettel vorkommen sollen. An wichtigster Stelle stehen Vollkorngetreide und Gemüse, beides zusammen sollte etwa die Hälfte aller unserer Nahrungsmittel ausmachen. Dann kommen Früchte und Getränke (1,5 l pro Tag). Danach die Milchprodukte (etwa 250 ml Milch oder Joghurt, plus 2 Scheiben fettarmer Käse, plus 50 g Quark). Als nächste Fleisch (3 Portionen pro Woche), Fisch (3-4 Portionen) und Eier (2 Stück pro Woche). Beim Fett heißt es generell: sparen. Pflanzliche Fette sollte man bevorzugen (Rapsöl und Olivenöl sind in der Zusammensetzung ihrer Fettsäuren besonders gesund).

Frage 9

Ist „Frisches" besonders gesund?

Direkt nach der Ernte enthalten Gemüse, Obst und auch Getreide die meisten Vitamine. Diese „Frische" läßt sich durch tiefe Lagertemperaturen um 0 °C relativ gut 1-2 Tage aufrechterhalten. Ist Frisches aber nicht zu haben, kann man Tiefgekühltes kaufen. Denn Obst und Gemüse werden sofort nach der Ernte schockgefrostet - das bewahrt die Wirkstoffe. Auch Konserven sind heutzutage besser als ihr Ruf, denn moderne Technik konserviert schonend. Statt also welken Salat oder schlaffes Gemüse zu kaufen, sollte man lieber Lebensmittel aus der Kälte oder Konserven zubereiten.

Frage 10

Wie schont man Vitamine und Mineralstoffe?

Hitze, Luft und Wasser greifen an, verringern die Wirksamkeit. Gerade bei der Zubereitung kann man vieles tun, um Vitamine und Mineralstoffe zu schonen: Putzen und zerschneiden Sie Gemüse usw. erst unmittelbar vor der Verwendung (auch Kräuter hacken, Saft auspressen). Kurzes Waschen ist vorteilhaft, beim Garen wenig Wasser verwenden, Garzeiten kurz halten.

Maße und Gewichte

Hohlmaße

1 Tasse (fast gefüllt)		150 ml
1 kleine Tasse		100 ml
1 Schnapsglas		20 ml
1 Wasserglas		200 ml
1 Weinglas	etwa	150 ml
1 Eßlöffel	etwa	15 ml
8 Eßlöffel	etwa	125 ml

Vom Liter zum Milliliter

$^1/_8$ l = 125 ml
$^1/_5$ l = 200 ml
$^1/_4$ l = 250 ml
$^1/_2$ l = 500 ml
$^3/_8$ l = 375 ml
$^3/_4$ l = 750 ml
1 l = 1000 ml
= 100 cl (Zentiliter)

1dl (Deziliter)
= 10 cl = 100 ml = etwa 1 kleine Tasse (s.o.)

Durchschnittsmengen für 1 Person:

Suppe:	125 ml ($^1/_8$ l) als Vorgericht
	250 ml ($^1/_4$ l) als Hauptgericht
Gemüse:	250-500 g
Kartoffeln:	etwa 150 g
Reis:	etwa 60 g (etwa $^1/_2$ Tasse) als Hauptgericht etwa 100 g
Nudeln:	100-125 g
Fisch:	250 g, Filet etwa 200 g
Fleisch:	130-150 g Steak, Gulasch, Geschnetzeltes
	125 g Hackfleisch
	200-250 g mit Knochen

Löffelmaße

	1 Eßlöffel	**1 Teelöffel**
Mehl	10 g	3 g
Speisestärke	10 g	5 g
Zucker	15 g	5 g
Paniermehl	10 g	3 g
Speiseöl	6 g	2 g
Sahne	15 g	5 g
Joghurt	15 g	8 g
Honig	20 g	6 g

Ofentemperatur

Backen im Heißluft- oder Gasofen
Im Durchschnitt kann man davon ausgehen, daß die Temperatur im Vergleich zu Elektrobacköfen 2o-3o °C niedriger eingestellt werden sollte, da die intensivere Hitze das Gebäck schneller bräunen läßt. Heißluftherde werden außerdem sehr schnell heiß und benötigen keine Vorheizzeit. Gasherde werden ebenfalls schnell heiß und benötigen eine kürzere Vorheizzeit. Die Umrechnung von Elektro- zu Gasherden kann wie folgt durchgeführt werden:

Elektroherd	**Gasherd**
125-15o °C	Stufe 1-2
175-19o °C	Stufe 2-3
19o-2o5 °C	Stufe 3-4
2o5-22o °C	Stufe 4-5
22o-235 °C	Stufe 5-6
235-25o °C	Stufe 6-7
25o-275 °C	Stufe 7-8

(Anleitung des Herstellers beachten.)

Gesundes Körpergewicht

Nehmen Sie die Körpergröße in Zentimetern, davon 1oo abziehen. Was herauskommt: die Zahl, die das Körpergewicht angibt.
Beispiel:
1,7o = 17o cm - 1oo = 7o
daraus folgt: etwa 7o kg sollte ein 1,7o m großer Mensch wiegen. Abweichungen von 1o% darüber oder darunter gelten als normal.

Garzeiten

Die Garzeit ist abhängig von der Garmethode und von der Größe des Gargutes: Fritieren z.B. geht schneller, als etwas in wenig Wasser zu dünsten. Ein großes Stück Fleisch gart länger als ein kleines. Hier geben wir durchschnittliche Garzeiten beim Dünsten und Kochen an:

Reis	etwa 2o Minuten
Vollkornreis	etwa 45 Minuten
Nudeln je nach Art	8-12 Minuten
Kartoffeln	2o-25 Minuten
Kohlgemüse	45-6o Minuten
Spitzkohl und junger Weißkohl	15-2o Minuten
Blumenkohl und Broccoli, in Röschen zerteilt	etwa 1o Minuten
Wurzelgemüse	15-2o Minuten
Blattgemüse	etwa 7 Minuten
Spargel	15-2o Minuten
Linsen	etwa 45 Minuten
getrocknete Erbsen	etwa 6o Minuten
getrocknete Bohnen	etwa 1oo Minuten
Rindfleisch - unterschiedlich je nach Stück, Größe, Garmethode, beachten Sie die angegebene Garzeit im Rezept	
Geflügelfleisch -	immer ganz durchgaren,
Garzeit beachten:	
z.B. 15o g Hühnerbrust	etwa 15 Minuten
Suppenhuhn	6o-9o Minuten
Schweinefleisch immer ganz durchgaren,	15o g etwa 15 Minuten
Fisch pro Portion	6-8 Minuten
Fischfilet pro Portion	4 Minuten

Lagerdauer

In der Speisekammer bzw. im Vorratsschrank

Kaffee	etwa 2 Monate im Kühlschrank
Tee	unbegrenzt
Zucker	unbegrenzt
Reis	höchstens 1 Jahr in luftigen Dosen
Nudeln	etwa 1 Jahr (trocken und luftig)
Mehl/Speisestärke	etwa 1 Jahr (trocken und luftig)
Bohnen/Linsen	etwa 1 Jahr
Tomaten in Dosen	1-2 Jahre
Tomatenpüree in Tuben	etwa 5 Monate im Kühlschrank
Essig	fast unbegrenzt
Speiseöl	etwa 5 Monate (kühl und dunkel)
Dosen oder H-Milch	nach Packungsaufschrift
Fertigsuppen	etwa 8 Monate
Gekörnte Brühe	etwa 8 Monate
Gewürze	etwa 1 Jahr (kühl und dunkel, verlieren Aroma)
Gewürznelken	etwa 1 Jahr im Kühlschrank
Honig	etwa 1 Jahr
Haferflocken - luftig	etwa 1 Jahr
Nüsse	2-3 Monate im Kühlschrank
Brot	einige Tage im Brotkasten (wird altbacken im Kühlschrank)
Knäckebrot	etwa 3 Monate, trocken lagern

Lagerfähigkeit von Tiefkühlkost (-18 °C und tiefer)
Die Zusammensetzung des Lebensmittels bestimmt die Dauer der Lagerfähigkeit, sehr fettreiche Nahrungsmittel sind z.B. weniger lagerfähig als magere. Im allgemeinen gelten folgende Richtwerte:

Fertiggerichte	etwa 3 Monate
Fisch, mager	3-6 Monate
Fleisch	6-12 Monate
Hackfleisch	1-3 Monate
Geflügel	3-6 Monate
Krusten- und Schalentiere	3 Monate und länger
Gemüse	6-12 Monate
Kartoffelerzeugnisse	3 Monate und länger
Obst, Fruchtzubereitungen	6-12 Monate
Speiseeis	3-5 Monate
Torten und Kuchen	3 Monate

*rohe Zwiebeln, rohe Kartoffeln und Pilze (außer Steinpilze) nicht einfrieren

Lagerfähigkeit im Kühlschrank

Die angegebenen Zeiten beziehen sich auf angebrochene Packungen, bzw. unverpackte Rohware. Bei verpackten Lebensmitteln gilt das Haltbarkeitsdatum.

Fleisch, roh	1-2	Tage
Fleisch, gegart	3	Tage
Hackfleisch, roh	$^1/_2$	Tag
Fisch, roh	1	Tag
Fisch, gegart (gebraten, geräuchert)	2	Tage
Geflügel, roh	1	Tag
Geflügel, gegart	2-3	Tage
Butter	8	Tage
Eier	10	Tage
Milch	2-3	Tage
Sahne	2-3	Tage
Joghurt	2-4	Tage
Quark	3	Tage
Weichkäse	3	Tage
Hartkäse	etwa 8	Tage
Parmesan o.ä. zum Reiben	etwa 2 Wochen, luftig in Pergament	
Beerenobst	1	Tag
Kernobst	10	Tage
Gemüse, frisch	1-3	Tage
Gemüse, gegart	1-2	Tage
Blattsalat	1-2	Tage
Mayonnaise, fertig gekauft	8-10	Tage
Mayonnaise, selbst gerührt	1-2	Tage
Diätkonfitüre	etwa 8	Tage
Senf	etwa 3	Monate

*Tomaten, Südfrüchte (Bananen), Brot und Zwiebeln nicht in den Kühlschrank legen.

Kapitelregister

Alphabetisches Register

L

M/N

O

P/Q

R

S

T

U/V/W

Z

Umwelthinweis Dieses Buch und der Schutzumschlag wurden auf chlorfrei gebleichtem Papier gedruckt. Die Einschrumpffolie - zum Schutz vor Verschmutzung - ist aus umweltfreundlicher und recyclingfähiger PE-Folie.

Konzeption und Rezepte Renate Schach von Wittenau, Waterneverstorf

Redaktion Carola Reich

Titelfoto und Kapitelfotos Thomas Diercks, Hamburg
Foodstyling Gerhard Ruhle, Hamburg

Fotos Thomas Diercks, Hamburg
Christiane Pries, Borgholzhausen
Brigitte Wegner, Bielefeld
Bernd Wohlgemuth, Düsseldorf

Satz und Gestaltung Gaby Burdack, Bielefeld

Reproduktionen Kruse Reproduktionen, Vreden

Herstellung Druckhaus Neue Stalling, Oldenburg

ISBN 3-7670-0439-9